# ESCOLA DE CULINÁRIA

# ESCOLA DE CULINÁRIA

150 das melhores receitas clássicas
e contemporâneas passo a passo

1ª edição publicada na Grã-Bretanha em 2007
pela Hamlyn, um selo do Octopus Publishing Group Ltd
2–4 Heron Quays, London E14 4JP

*Copyright* © Octopus Publishing Group Ltd 2007

Tradução e consultoria: Elisa Duarte Teixeira.
   Professora de Tradução, Terminologia e Lingüística de Corpus.
   Doutoranda pelo programa de pós-graduação em Estudos
   Lingüísticos e Literários em Inglês da Universidade de São Paulo.

Preparação, revisão e editoração eletrônica: Depto. Editorial da Editora Manole.

Todos os direitos reservados.

Nenhuma parte deste livro poderá ser reproduzida,
por qualquer processo, sem a permissão expressa dos editores.
É proibida a reprodução por xerox.

Receitas escritas por Joanna Farrow, com colaboração de Sara Lewis e David Morgan.

1ª edição – 2008

Direitos em língua portuguesa adquiridos pela:
Editora Manole Ltda.
Avenida Ceci, 672 – Tamboré
06460-120 – Barueri – SP – Brasil
Tel.: (11) 4196-6000 – Fax: (11) 4196-6021
www.manole.com.br
info@manole.com.br

Impresso na China
*Printed in China*

**AVISO**

Todas as receitas usam medidas-padrão de conteúdo para colheres.

1 colher (sopa) = uma colher de 15 ml
1 colher (chá) = uma colher de 5 ml

O Departamento de Saúde Britânico adverte que ovos não devem ser consumidos crus. Este livro contém pratos feitos com ovos crus ou levemente cozidos. É prudente que pessoas mais vulneráveis, como gestantes, nutrizes, enfermos, idosos, bebês ou crianças, evitem pratos feitos com ovos crus ou levemente cozidos. Uma vez preparados, esses pratos devem ser mantidos sob refrigeração e consumidos rapidamente.

Este livro traz pratos feitos com nozes e seus derivados. Aconselha-se àqueles que têm reações alérgicas a nozes e seus derivados, bem como pessoas potencialmente vulneráveis a tais alergias, como gestantes, nutrizes, enfermos, idosos, bebês ou crianças, que evitem pratos feitos com nozes e óleos de nozes. Também é prudente ler atentamente os rótulos dos ingredientes pré-preparados para verificar a existência de derivados de nozes.

Os fornos devem ser preaquecidos à temperatura especificada. No caso de uso de um forno de convecção, siga as instruções do fabricante para ajustar o tempo e a temperatura.

# Sumário

Introdução 6

NOÇÕES BÁSICAS 8

ENTRADAS 60

ARROZ E MASSAS 80

LEGUMES E VERDURAS 112

PEIXES E FRUTOS DO MAR 136

CARNES, AVES E CAÇA 166

SOBREMESAS 202

BOLOS E TORTAS 230

Índice remissivo 250

Agradecimentos 256

# Introdução

Talvez a idéia de preparar uma receita desde o início lhe pareça algo intimidante. No entanto, como acontece com qualquer outra habilidade, basta aprender. É preciso ser paciente, mas se você praticar e não tiver medo de errar, muito em breve poderá preparar seus pratos com destreza.

### Vá com calma

Cozinhar pode e deve ser um passatempo relaxante. Se sua experiência na cozinha não vai muito além de fritar um ovo ou fazer um macarrão instantâneo, você talvez discorde. Mas não há nada melhor do que chegar em casa após um dia corrido ou estressante, encher uma boa taça de vinho e preparar o jantar. Não importa se a receita é uma massa simples ou um prato gourmet requintado – o efeito é o mesmo. As simples ações de picar, mexer, seguir as instruções de uma receita e criar um prato delicioso são suficientes para baixar seus níveis de estresse. Você poderá então sentar-se à mesa e degustar, com aquela sensação de realização, seu delicioso prato, fresquinho e caseiro, muito melhor que qualquer coisa que você tenha de tirar do congelador e ver girar no prato do microondas por 5 minutos.

### Auto-confiança na cozinha

Se sua cozinha é o cômodo menos visitado da casa, talvez seja uma boa idéia familiarizar-se um pouco com ela antes de começar suas "lições de culinária". Quando se está seguindo uma receita, é preciso saber exatamente onde estão os ingredientes e quais os equipamentos disponíveis. Por exemplo, se você decidir fazer um bolo, talvez a experiência não seja fácil nem muito agradável caso você não tenha uma batedeira. O segredo é saber com antecedência o que você vai preparar para então providenciar tudo o que for necessário para a execução. Há centenas de apetrechos e equipamentos culinários no mercado, mas não faz sentido encher a cozinha com uma sorveteira ou um kit para fondue se você não planeja usá-los. Escolha equipamentos práticos que vão ser usados com freqüência, e certifique-se que estejam sempre à mão.

Também é importante não deixar para aprender como as coisas funcionam algumas horas antes daquele jantar especial: sempre faça um teste antes. Aqui estão mais algumas dicas para tornar seu trabalho mais fácil:

- Tenha sempre um estoque de ingredientes básicos e tome nota quando estiverem prestes a acabar – assim fica mais fácil lembrar na próxima compra.
- Sempre leia a receita antes de começar a cozinhar para certificar-se de que tem todos os ingredientes.
- Deixe todos os ingredientes prontos para o uso com antecedência – pese, pique, fatie etc.
- Estude bem o seu forno, pois cada um tem peculiaridades no que se refere à temperatura, podendo haver variações no tempo de cozimento entre os modelos. Lembre-se também que há uma grande diferença entre os fornos convencionais e os chamados fornos de convecção, presentes em alguns fogões mais modernos, que cozinham os alimentos por meio da circulação de ar quente.
- Se precisar descongelar alimentos, faça-o com bastante antecedência, transferindo-os para a geladeira.

## O livro

Se você adora a idéia de poder preparar suas próprias receitas, mas não se sente confiante o bastante para fazê-lo, este livro é perfeito para você. Ele o guiará por cada uma das etapas necessárias para se tornar um cozinheiro competente, a começar pelos conceitos mais básicos, preparado-o para suas primeiras incursões na cozinha. Isso inclui uma descrição de todos os equipamentos e ingredientes básicos.

É ideal aprender um pouco mais sobre os fundamentos básicos antes de se aventurar em algo mais ambicioso. Aprender a cozinhar é um processo gradual, e sua habilidade e seu conhecimento aumentarão a cada nova receita. Portanto, não faz o menor sentido se arriscar em uma receita de petit gateau se você nunca fez um bolo simples antes. Comece pelas receitas mais fáceis, que usam técnicas simples, e em pouco tempo você será capaz de preparar pratos mais elaborados.

A primeira parte do livro é dedicada às noções básicas. Serão fornecidas todas as informações mínimas necessárias para que você se torne um bom cozinheiro. Para começar, você encontrará algumas lições sobre como preparar caldos e molhos básicos, que são fundamentais para uma infinidade de receitas das mais variadas cozinhas. Seja nos ensopados, nas massas ou nas sopas, a importância de um bom caldo ou molho é indiscutível. Você aprenderá também a escolher os melhores cortes de carne, o peixe mais fresco e, em seguida, como prepará-los e servi-los. Por fim, serão apresentadas noções elementares de como fazer tortas e bolos, para que o seu curso de culinária fique completo. Os capítulos finais irão conduzi-lo ao preparo de diferentes tipos de alimentos, com uma variada seleção de receitas que incorporam algumas das técnicas aprendidas.

## Missão cumprida

Ainda que a simples idéia de preparar Moluscos à Moda da Malásia (ver pág. 102) ou Curry de Frango à Tailandesa (ver pág. 191) lhe dê um frio na barriga, não tema. Em breve você estará pronto para preparar muitos outros pratos como esses com confiança e habilidade. Depois de dominar as técnicas básicas, será possível aprender outras mais complicadas que irão, pouco a pouco, enriquecer seu repertório. Se o preparo de cada nova receita for encarado como uma combinação de diversão e desafio, não há como errar. Os cumprimentos e os pratos vazios ao final da refeição farão com que todo o esforço seja recompensado. E lembre-se: quem cozinha nunca lava a louça!

# NOÇÕES BÁSICAS

# Equipamentos

Para cozinhar bem é preciso investir em equipamentos e utensílios básicos de boa qualidade. Não é preciso muito – a escolha criteriosa de alguns itens é fundamental para obter bons resultados, além de poupar tempo e dinheiro.

### Fôrmas e assadeiras
Algumas fôrmas são feitas de material brilhante, que refratam o calor dos alimentos evitando que queimem, e há outras que têm um acabamento escuro, que absorvem e retêm o calor. As fôrmas de flandres (lata) são muito usadas para panificação. O alumínio, um bom condutor de calor, é um material um pouco mais caro. O acabamento antiaderente, aplicado sobre alumínio ou flandres, é resistente, mas pode ser facilmente danificado por objetos de metal. Escolha fôrmas, inclusive para bolo (ver pág. 50), que sejam resistentes, lisas por dentro, sem rachaduras e que tenham as beiradas enroladas – o que torna o manuseio mais fácil e seguro.

### Fôrmas para quiche
Para quiches e tortas doces abertas, as fôrmas de metal são melhores que as de porcelana ou vidro, pois conduzem melhor o calor, evitando que a massa fique úmida.

### Forminhas
Fôrmas de empada ou muffin são ideais para assar tortinhas e minibolos.

### Fôrmas para torta
Um refratário clássico para tortas fechadas doces e salgadas é oval, tem as laterais altas e uma borda achatada para segurar a massa que cobre a torta. O ideal é que possua capacidade de 1.200 ml. Existem também fôrmas para torta redondas e mais baixas.

### Liquidificadores e processadores de alimentos
Um processador de alimentos ou liquidificador elimina boa parte do trabalho necessário para picar legumes, misturar pastas e fazer massas e purês. É possível, por exemplo, trabalhar a massa de torta por menos tempo – o que pode ser muito útil em dias de calor, ou se você tem mãos quentes. Cuidado, no entanto, para não bater demais a farinha com a gordura. Aperte algumas vezes o botão pulsar até obter uma farofa. Talvez seja necessário acrescentar mais água do que quando se amassa com as mãos – junte-a aos poucos, e nunca de uma só vez.

Um processador pequeno, ou um grande que tenha um copo menor, é ideal para triturar especiarias ou picar pequenas quantidades de temperos ou castanhas. Um mixer pode ser útil para misturar ou transformar em creme um molho ou uma sopa sem precisar retirar da panela.

### Tábuas de carne
Tenha sempre duas tábuas em sua cozinha, uma de madeira dura e resistente, útil na maioria das tarefas, e uma só para as carnes, branca, de material não-poroso e que possa ser lavada com água quente e um pouco de água sanitária. Lave sempre a faca e a tábua quando passar de alimentos crus para cozidos.

Escolha uma tábua de madeira com pelo menos 4 cm de espessura. De preferência, os veios da madeira devem correr no sentido contrário ao do corte dos alimentos. As tábuas de resina e de vidro são atrativas, mas suas superfícies duras são escorregadias e deixam as facas sem corte.

### Filme plástico
Muito útil para envolver alimentos que vão à geladeira, o filme plástico é essencial para cobrir as massas enquanto elas "descansam" – processo que evita que encolham ou fiquem retorcidas ao assar. Quando a massa entra em contato com o ar, uma película ressecada se forma na superfície, deixando-a quebradiça.

# EQUIPAMENTOS

### Escorredor de macarrão
Escolha um escorredor de macarrão em aço inox com um cabo firme e que não esquente muito ao escorrer o macarrão ou os legumes. O escorredor também pode ser usado para cozinhar alimentos no vapor.

### Espátulas
Indispensáveis na cozinha, servem para transferir e virar todo tipo de alimento, como hambúrgueres, ovos fritos, panquecas etc.

### Espremedor de alho
Este apetrecho útil espreme dentes de alho com facilidade forçando-os contra pequenos buraquinhos, revelando, assim, todo o seu sabor. Assim, não é preciso pôr as mãos no alho – que deixa um cheiro acentuado e difícil de remover.

### Ralador
Raladores multiuso podem conter apenas um ou vários lados. Eles têm furos e lâminas de diferentes tamanhos que ralam e fatiam diversos alimentos. O ralo fino é usado para especiarias, chocolate, parmesão e casca de cítricos, já os ralos médio e grosso são mais adequados para ralar gengibre fresco, queijos e legumes. Um modelo pequeno pode ser usado para a noz-moscada, mas o grande também funciona perfeitamente.

### Facas
Um bom conjunto de facas é essencial. Vale a pena investir em facas de aço inox ou carbono, forjadas em uma única peça e presas com pinos a um cabo de madeira ou plástico. Para evitar que percam o corte, deve-se afiá-las regularmente e guardá-las separadas em um porta-facas de madeira ou magnético.

### Faca para pão
A lâmina serrilhada desta faca é útil para cortar pães e bolos sem que esfarelem.

### Faca do chef
Uma faca pesada e de lâmina larga é ideal para picar legumes, temperos e outros ingredientes. É útil também para transferir alimentos já picados da tábua para a panela. Sua lâmina pode ser usada para esmagar dentes de alho.

### Outras facas para cortar e descascar
Uma faca média, com 15–25 cm de comprimento, pode ser usada para picar, fatiar e cortar todo tipo de alimento. Uma faca pequena de lâmina fina é útil para descascar frutas e legumes.

### Espremedor de batatas
Você precisará de um para fazer purê de batata ou de outros tubérculos, como cenouras e mandioca.

### Medidores
Jarras ou copos graduados contêm medidas padrão em xícaras, gramas e mililitros (ou até mesmo em onças). Escolha um medidor de vidro refratário, que resista ao calor de líquidos ferventes e facilite a visualização da quantidade medida.

### Colheres e xícaras medidoras
Os ingredientes são em geral medidos em xícaras ou colheres. Todas as medidas usadas neste livro são padrão (1 xícara = 250 ml, 1 colher de sopa = 15 ml, 1 colher de chá = 5 ml). Compre um jogo de xícaras e colheres medidoras para que você possa calcular com precisão ¼ ou ½ medida de ingredientes líquidos e secos, quando necessário.

## NOÇÕES BÁSICAS

### Tigelas
Use sempre tigelas e bacias grandes o suficiente para abrigar todos os ingredientes confortavelmente, e que também sejam pesadas o bastante para não ficarem se mexendo enquanto você bate ou mistura algum alimento. Tigelas de vidro refratário ou louça são as mais úteis. Adquira também várias tigelas pequenas para bater ovos e separar pequenas quantidades de alimento. Use uma tigela de vidro refratário que se encaixe bem em uma de suas panelas para derreter chocolate.

### Espátula para bolo
É uma lâmina de metal longa e flexível, com a ponta arredondada e um cabo, que serve para nivelar superfícies, cobrir bolos e espalhar recheios. É também usada para raspar fôrmas e tigelas e virar alimentos. É bom ter uma grande e uma pequena.

### Sacos de confeitar
Perfeitos para dar um toque especial na decoração de pratos, os sacos de confeitar são fáceis de fazer. Corte um quadrado de 25 cm de papel-manteiga ou vegetal e dobre ao meio, pela diagonal, para formar um triângulo. Corte sobre o vinco. Marque a ponta oposta ao lado maior do triângulo (onde será o bico) e enrole, pelas pontas mais distantes, até formar um cone. Ajuste as laterais de modo que as três pontas fiquem juntas. Dobre-as, juntas, algumas vezes, para ficarem firmes e o cone não desenrolar. Encha o cone até a metade com chocolate derretido ou cobertura e dobre para fechar bem, depois corte a pontinha com a tesoura para fazer o bico. Teste a espessura e, se necessário, corte um pouco mais.

### Pegador de macarrão
De cabo longo, em geral feito de inox, é usado para transferir os fios de macarrão da travessa para o prato. Possui dentes que seguram os fios de massa, permitindo que o excesso de molho fique no recipiente.

### Pincéis
Você vai precisar de um pincel grande, para pincelar folhas de massa com manteiga derretida, e um menor, para trabalhos mais delicados e com mais detalhes.

### Pilãozinho
Usado para triturar ervas, temperos e especiarias, pode ser de mármore, que não absorve odores, madeira ou louça.

### Panelas e caldeirões
Três ou quatro panelas é tudo o que você precisa. Use sempre as de fundo grosso para fazer molhos e, na verdade, para preparar a maioria das receitas, pois elas distribuem o calor de forma mais eficiente. Algumas panelas possuem marcas graduadas no interior, que podem ser úteis, por exemplo, para reduzir um molho.

Um caldeirão com capacidade para 5–6 litros é ideal para fazer caldos. Panelas médias – com cerca de 2 litros – podem ser usadas para fazer a maioria dos molhos e também para o banho-maria, sob uma tigela refratária.

As panelas estão disponíveis em vários materiais. O cobre é perfeito para o preparo de molhos, pois conduz muito bem o calor. O aço inox é o material mais popular atualmente, pois é leve e fácil de limpar. As melhores panelas de inox têm uma camada interna de alumínio, que garante a boa condução do calor. Não se deve cozinhar frutas e alimentos ácidos em panelas de alumínio, pois reagem com o metal.

### Frigideira
Ideal para fritar em pouco óleo, escolha uma que seja grossa, de metal e que conduza bem o calor. Deve ter uma base larga e uniforme, laterais não muito altas e cabo longo.

### Grelha
Preparar alimentos usando uma grelha de ferro fundido é fácil e simples. Preaqueça a grelha, lisa ou riscada, antes de colocar os alimentos, já temperados. Você pode prepará-los sem a adição de gordura – marine previamente para realçar os sabores.

### Rolos de macarrão
Essenciais para abrir massas de torta, macarrão e pão, podem ser de madeira, plástico ou mármore.

### Balança
Não se preocupe em adquirir as quantidades exatas dos ingredientes. O mais importante é que os ingredientes de uma receita estejam na proporção correta.

### Coadores e peneiras
Um coador de malha fina, de aço inox, é fundamental para coar e peneirar ingredientes. Também pode ser usado para transformar legumes cozidos em purê – basta passá-los pela malha com o auxílio de uma colher. Use-os para peneirar a farinha e os ingredientes secos diretamente na tigela e para polvilhar sobremesas prontas com açúcar de confeiteiro e canela.

Coadores cônicos de metal (também chamados chinois) são úteis no preparo de molhos, já que forçam o líquido a sair pela "ponta", evitando respingos. Escolha um com a malha fina, para molhos, e uma peneira de malha mais grossa de metal para os demais usos.

### Colheres e batedores
A escumadeira é ideal para escorrer frituras ou para retirar a espuma que se forma na superfície de certas preparações.

Algumas pessoas preferem usar um batedor de arame ou de claras para engrossar molhos, mas uma colher de pau também é adequada tanto para bater quanto para misturar e mexer. Escolha uma de madeira lisa e com a ponta afinada, que alcance os cantos da panela.

Os batedores de arame são usados para misturar ingredientes, bater claras em neve e incorporar ar a massas de consistência mole. Eles estão disponíveis em diversos tamanhos, mas evite os muito grandes, pois não são eficientes. Se você gosta de fazer bolos, invista em uma batedeira.

### Cesta para cozimento no vapor
Este apetrecho útil consiste em um recipiente perfurado que, colocado em uma panela com um pouco de água fervente, permite que os alimentos cozinhem no vapor. Certifique-se de que a panela esteja bem tampada.

### Pegadores e garfos para carne
Pegadores são perfeitos para apanhar alimentos quentes e virar carnes e legumes na grelha ou churrasqueira. Um garfo de metal de cabo longo é útil para espetar carnes ou frango com firmeza e transferi-los para uma assadeira ou travessa.

### Descascador de legumes
Além de descascar legumes e frutas, o descascador de legumes também pode ser usado para cortar fitas de cenoura ou abobrinha, raspas de chocolate e lascas de parmesão.

### Wok
Esta panela grande e de fundo arredondado é muito usada na culinária oriental. Pode ser de material antiaderente ou de aço. Escolha uma com cerca de 35 cm de diâmetro.

### Espátula de madeira
É larga e de beirada grossa e reta – útil para mexer e raspar o fundo de fôrmas e panelas.

# Ingredientes essenciais

Alguns ingredientes são a base da maioria das receitas, então aqui está uma lista daqueles que você deve, se possível, ter sempre em seu armário ou na sua geladeira. Compre o melhor que puder, pois a qualidade afeta o sabor.

### Manteiga
Use sempre manteiga sem sal para fazer molhos e bolos – substitua pela versão com sal apenas em casos de emergência. A manteiga sem sal fornece um sabor delicioso aos pratos e não contém os aditivos que adulteram as margarinas e outros cremes vegetais. A manteiga com sal tem sabor menos aveludado, queima mais facilmente e afeta o sabor, especialmente dos bolos. Margarinas e cremes vegetais podem ser usados, se necessário, mas certifique-se de que são adequados para uso culinário.

### Creme de leite
É usado, em geral, para dar um toque cremoso aos molhos. Se for de fato fresco, o creme de leite, independente do teor de gordura, não se separa durante o cozimento, nem mesmo quando fervido – a não ser que seja misturado a alimentos muito ácidos. Em algumas lojas de importados, é possível encontrar o crème fraîche – um creme de sabor mais ácido, que não deve ser fervido. O mesmo vale para os cremes de leite em lata e de caixinha.

### Ovos
Sempre que possível, use ovos realmente frescos – de preferência caipiras ou orgânicos. Isso é ainda mais importante em certas receitas, como a do Creme Inglês (ver pág. 227), em que os ovos dão cor e sabor ao prato. Os ovos devem ser usados à temperatura ambiente – assim ficarão mais volumosos quando batidos e há menos chance de talharem.

### Farinha
Para a maioria das receitas, a farinha comum é a melhor. A farinha que já vem com fermento rende uma textura mais esponjosa e macia à massa. É o tipo ideal para confeccionar bolos, mas também pode ser usada para fazer pizzas, panquecas e tortas doces. A farinha de trigo integral, ou uma mistura meio a meio de farinha integral e branca, pode ser usada para fazer massas de torta – mas a massa fica quebradiça, difícil de trabalhar. A massa folhada e a massa podre ficam melhores quando elaboradas com farinhas com alto teor de glúten, pois este dá maior elasticidade e resistência à mistura.

# INGREDIENTES ESSENCIAIS

### Ervas
Ervas frescas têm, de longe, um sabor muito superior ao das desidratadas, mas devem ser usadas o quanto antes. A maioria delas é delicada e se deteriora em poucos dias na geladeira.

### Óleos
Você não precisa ter um estoque grande de óleos em sua despensa. Um azeite de boa qualidade e de sabor acentuado é ideal para a maioria dos molhos ao estilo mediterrâneo, e um mais suave fica melhor em receitas que pedem um bom óleo, mas de sabor menos pronunciado – como a maionese, por exemplo. Para preparar outras receitas (indianas, orientais etc.), escolha um óleo vegetal de sabor suave, como o de semente de girassol ou amendoim. Um pouco de óleo de gergelim dá mais sabor aos pratos orientais, mas não deve ser usado em frituras, pois seu ponto de fumaça é baixo. Óleos como o de nozes ou avelã vão muito bem em receitas em que um sabor amendoado é importante – compre apenas quando necessário e na quantidade exata.

### Caldos
Para melhores resultados, use caldos caseiros. Não desanime: é fácil e barato fazer caldos em casa, e em pouco tempo você se habitua a prepará-los regularmente. Use os ossos que sobraram de um assado (ou peça alguns para o açougueiro) e legumes e ervas frescas selecionadas. Se não for usar o caldo nos próximos dias, congele-o e terá sempre um estoque. Caldos prontos ainda são difíceis de encontrar em supermercados, e costumam ser muito caros. Os caldos granulados, em pó e em cubos são uma alternativa prática e econômica, mas em geral contêm muito sal e, por esse motivo, devem ser usados com cuidado e moderação.

### Açúcar
Açúcares de sabor marcante, como o demerara e o mascavo, dão um toque adicional aos bolos, além de combinarem com chocolate, especiarias e melado. Certos tipos de açúcar podem empedrar quando guardados. Para usá-los em suas receitas, leve ao microondas por curtos períodos de alguns segundos, usando a potência média, até desempedrarem.

# Molhos especiais

Um bom molho pode transformar os pratos preparados da forma mais simples em um prato vistoso e atraente. O molho complementa e enriquece o alimento que acompanha, acrescentando sabor, cor, textura e umidade sem sobrepujar seu sabor.

### Como engrossar molhos
Existem diversas maneiras de engrossar um molho. Algumas vezes esse é justamente o primeiro passo de uma receita, como no caso do roux (mistura de farinha de trigo e manteiga), enquanto outras vezes representa a etapa final e utiliza ingredientes como gemas de ovos, creme de leite e manteiga. A regra mais importante é não deixar engrossar demais. Além de não ser saboroso, um molho engrossado demais com farinha de trigo ou amido de milho fica enjoativo e pode colocar todo o prato a perder. Na grande maioria das vezes, o molho estará suficientemente grosso quando cobrir o dorso de uma colher de pau com uma camada fina. Deixe esfriar ligeiramente e passe o dedo pela colher – deve formar um caminho.

### Roux
Mistura levemente cozida de manteiga e farinha de trigo, antes da adição de líquido, como no Molho Bechamel (ver pág. 20). Um pouco mais tostado, o roux forma a base do molho velouté, como no Molho Cremoso de Estragão (ver pág. 163), e, ainda mais tostado, é utilizado para o molho ferrugem.

### Beurre manié
Também é uma mistura de manteiga e farinha de trigo, mas neste caso os dois ingredientes são sovados em uma tigela até formar uma pasta homogênea, que depois é misturada com o molho até engrossar. Trata-se de um método útil para engrossar um molho que ficou menos

encorpado do que o desejado ou um ensopado ou cozido cujo caldo está muito ralo. Use cerca de 15 g de manteiga amolecida e a mesma quantidade de farinha de trigo para 600 ml de líquido.

### Manteiga
Misturar um pouco de manteiga fria a um molho pronto faz com que ele fique ligeiramente mais encorpado, com sabor mais suave e aspecto mais brilhante.

### Amido de milho
O amido de milho deve ser misturado com um pouco de água, caldo ou suco antes de ser acrescentado ao molho. Raramente usado nos molhos tradicionais, algumas vezes aparece em molhos orientais.

### Gemas de ovos e creme de leite
Estes ingredientes enriquecem e dão mais sabor a molhos ralos, sobretudo aos preparados à base de caldo. Misture 2 gemas de ovos com 150 ml de creme de leite e acrescente uma conha do molho quente, mas não fervente. Despeje a mistura na panela e cozinhe em fogo brando, batendo ou mexendo, até o molho ficar um pouco mais espesso.

### Redução
Contanto que não tenha ingredientes como ovos ou iogurte, ou qualquer outro que possa talhar, um caldo ou molho ralo pode ser reduzido e engrossado por meio de uma fervura rápida. Se estiver reduzindo um caldo, só ferva depois de retirar os ossos etc. O tempo de redução varia conforme a quantidade de líquido, portanto fique atento à panela. Se necessário, remova a espuma da superfície com uma escumadeira; e só tempere o molho depois que ele estiver reduzido.

### Processamento
Alguns molhos, principalmente de frutas ou legumes, podem ser engrossados batendo-se os ingredientes com o auxílio de um processador de alimentos, liquidificador ou mixer portátil.

### Bouquet garni
Mistura de ervas que pode ser facilmente removida do molho pronto. O bouquet garni clássico é feito com folhas de louro, ramos de tomilho e salsa amarrados a um pedaço de talo de salsão ou alho-poró.

> **DICA: COMO RECUPERAR UM MOLHO EMPELOTADO**
>
> Bata vigorosamente o molho com um batedor de arame ou coloque-o em um processador ou liquidificador durante 1 minuto, até obter uma consistência homogênea.

### Como retirar a pele dos tomates
Coloque os tomates em uma tigela, cubra com água fervente e deixe de molho até a pele rachar, o que leva cerca de 1–2 minutos. Espete um tomate com uma faca afiada e verifique se a pele se solta facilmente antes de escorrer a água.

### Caldos e molhos simples
A seguir, você encontrará uma seleção de caldos e molhos básicos que toda pessoa que cozinha deveria saber fazer. Alguns molhos são o acompanhamento ideal para certos pratos – o molho de salsinha é o par perfeito para o peixe, por exemplo – e você os encontrará em capítulos específicos do livro.

# Receitas básicas de caldos

Um bom caldo caseiro é a base para uma refeição saudável e saborosa. Não importa se você vai juntá-lo a um refogado, uma sopa ou um molho – o sabor será muito superior àquele obtido com qualquer tipo de caldo pronto.

## Caldo de carne

Quando comprar carne bovina, leve também os ossos e peça ao açougueiro para cortá-los em pedaços pequenos. Cortes de carnes de segunda ou aparas podem substituir os ossos, mas são mais caros. Para preparar um caldo escuro, asse os ossos antes em um forno preaquecido, a 200°C, por 45 minutos.

**Tempo de preparo** 10 minutos
**Tempo de cozimento** 3 horas
**Rendimento** cerca de 1 litro

**750 g de ossos de carne de vaca**
**1 cebola grande sem casca e cortada em quatro**
**1 cenoura grande cortada em rodelas grossas**
**2 talos de salsão cortados em pedaços grandes**
**1 bouquet garni (ver pág. 17)**
**1 colher (chá) de pimenta-do-reino em grãos**

1. Coloque os ossos em uma panela grande de fundo grosso com a cebola, a cenoura, o salsão, o bouquet garni e a pimenta-do-reino. Adicione 1,8 L de água fria e deixe levantar fervura.
2. Reduza a chama e cozinhe em fogo brando por 3 horas, retirando, se necessário, a gordura ou espuma da superfície.
3. Coe o caldo em uma peneira grande, de preferência de formato cônico, e deixe esfriar. Não esprema os ingredientes, senão o caldo ficará turvo.
4. Deixe o caldo esfriar completamente e coloque na geladeira. Antes de usar, remova a camada de gordura que possa ter se formado na superfície.

## Caldo de cordeiro

O caldo de cordeiro não é tão versátil quanto o caldo de carne e de galinha, por causa do seu sabor característico. Mas se você tiver uma boa quantidade de ossos, vale a pena prepará-lo para os pratos de cordeiro. Depois de assar os ossos, siga a receita do caldo de carne, cozinhando em fogo baixo por 1 hora e 30 minutos.

## Caldo de carne de vitela

Use o mesmo método do caldo de carne. Use ossos crus, se preferir, para preparar um caldo mais leve e com várias utilidades. Em geral, o caldo de carne de vitela gelifica naturalmente, portanto também pode ser usado para patês.

## Caldo de galinha

O ideal é que seja feito com carcaça crua, comprada para este fim ou aproveitada de um frango utilizado em outra receita. Não jogue fora a carcaça do frango assado de domingo, pois ela fornece um caldo bastante saboroso, apenas um pouco turvo.

**Tempo de preparo** 10 minutos
**Tempo de cozimento** 1 hora e 30 minutos
**Rendimento** cerca de 1 litro

**1 carcaça de um frango grande, mais as aparas de miúdos (exceto o fígado), se possível**
**1 cebola cortada em quatro**
**1 talo de salsão cortado em pedaços grandes**
**1 bouquet garni (ver pág. 17) ou 3 folhas de louro**
**1 colher (chá) de pimenta-do-reino em grãos**

1. Coloque todos os ingredientes em uma panela grande de fundo grosso e adicione 1,8 L de água fria.
2. Siga a receita do caldo de carne (ver acima), mas cozinhe por 1 hora e 30 minutos.

# RECEITAS BÁSICAS DE CALDOS

### Caldo de legumes

Use qualquer combinação de legumes, mas eles devem estar frescos. Coloque um pouco de cebola, mas não use legumes de sabor acentuado, como o repolho, ou que contêm amido, como a batata, que deixam o caldo turvo. Para fazer um caldo escuro, não retire a casca das cebolas e use bastante cogumelo.

**Tempo de preparo** 10 minutos
**Tempo de cozimento** 45 minutos
**Rendimento** cerca de 1 litro

1 colher (sopa) de óleo de girassol
2 cebolas cortadas em pedaços grandes
2 cenouras cortadas em rodelas grossas
2 talos de salsão cortados em pedaços grandes
500 g de uma seleção de outros vegetais como erva-doce, alho-poró, abobrinha, cogumelo, tomate e pastinaca

1. Esquente o óleo em uma panela grande de fundo grosso e refogue todos os legumes por 5 minutos.
2. Adicione 1 L de água fria e siga o método usado para o caldo de carne (ver pág. 18), cozinhando em fogo baixo por 40 minutos.

### Caldo de peixe

Não use peixes gordos para preparar este caldo – pois ele ficará gorduroso e com sabor muito forte. O tempo de cozimento deste caldo é menor que o dos de carne, portanto não cozinhe demais ou o sabor se deteriorará.

**Tempo de preparo** 5 minutos
**Tempo de cozimento** 25 minutos
**Rendimento** cerca de 1 litro

25 g de manteiga
3 chalotas (ou a parte branca da cebolinha) em pedaços
1 alho-poró pequeno cortado em pedaços grandes
1 talo de salsão ou 1 bulbo de erva-doce em pedaços grandes
1 kg de cabeças, espinhas e aparas de peixe de carne branca ou cascas/carapaças de crustáceos
150 ml de vinho branco seco
ramos de salsinha
½ limão cortado em rodelas
1 colher (chá) de pimenta-do-reino preta ou branca em grãos

1. Derreta a manteiga em uma panela grande de fundo grosso e refogue todos os legumes por 5 minutos para amolecê-los, sem deixar dourar.
2. Acrescente as aparas de peixe, o vinho, a salsinha, as rodelas de limão, a pimenta e 1 L de água fria.
3. Siga o método utilizado para o caldo de carne (ver pág. 18), cozinhando em fogo baixo por 20 minutos.

# Receitas básicas de molhos

As receitas a seguir são usadas em muitas preparações ao longo do livro. Você verá que, após aprender estas técnicas básicas, será fácil adaptá-las e incrementá-las com outros sabores, quando necessário.

## Molho bechamel

Este molho é empregado em tantos pratos que vale a pena prepará-lo de forma correta. Ele pode ser servido sobre legumes, gratinado, disposto em camadas em pratos de forno, como a lasanha, ou misturado com massas. Com temperos adicionais, pode ser transformado em outros tipos de molho. Esta quantidade é suficiente para quatro porções servidas como acompanhamento.

**Tempo de preparo** 10 minutos, mais o tempo para deixar em infusão
**Tempo de cozimento** 10 minutos
**Rendimento** 4 porções

300 ml de leite
½ cebola pequena
1 folha de louro
½ colher (chá) de pimenta-do-reino em grãos
3–4 ramos de salsinha
15 g de manteiga
15 g de farinha de trigo
noz-moscada ralada na hora
sal e pimenta-do-reino

1. Coloque o leite em uma panela com a cebola, a folha de louro, os grãos de pimenta-do-reino e os ramos de salsinha e aqueça quase até o ponto de fervura. Retire do fogo e deixe 20 minutos em infusão. Coe o leite em uma jarra.
2. Derreta a manteiga em uma panela de fundo grosso até começar a borbulhar. Junte a farinha de trigo, mexendo rapidamente com uma colher de pau para incorporá-la completamente. Cozinhe por 1–2 minutos, sem parar de mexer, para formar um roux claro e liso.
3. Retire a panela do fogo e despeje o leite morno aos poucos, misturando até obter um creme homogêneo. Coloque a panela de volta no fogo médio e mexa até o molho ferver.
4. Abaixe o fogo e continue mexendo por cerca de 5 minutos, até o molho ficar liso e brilhante e uma camada fina revestir o dorso da colher. Tempere a gosto com sal, pimenta-do-reino e noz-moscada.

## Maionese

A maionese é o mais versátil dos molhos frios. A receita tradicional, além de deliciosa, pode servir de base para diversas variações saborosas. Prepare-a com óleo de girassol ou azeite, mas evite azeites de sabor muito forte, pois seu sabor pode prevalecer. Ovos de boa procedência, de preferência orgânicos, também produzem melhores resultados.

**Tempo de preparo** 10 minutos
**Rendimento** 6–8 porções

2 gemas
2 colheres (chá) de mostarda Dijon
1–2 colheres (sopa) de vinagre de vinho branco
250 ml de óleo
sal e pimenta-do-reino

Variação: Molho Aïoli

2 gemas
1 colher (chá) de mostarda Dijon
1–2 colheres de suco de limão
2 dentes de alho amassados
uma pitada generosa de pimenta-de-caiena
500 ml de óleo de girassol ou azeite de oliva suave
sal

1 Coloque as gemas, a mostarda, 1 colher (sopa) do vinagre e uma pitada de sal e pimenta-do-reino em uma tigela grande; bata levemente com um batedor de arame para incorporar os ingredientes.

2 Sem parar de bater, comece a acrescentar o óleo aos poucos, algumas gotas por vez, até começar a ficar consistente.

3 Adicione o óleo restante lentamente, em um fio bem fino e constante, até a maionese ficar encorpada e brilhante. Não coloque o óleo rápido demais, senão a maionese pode começar a desandar. Se isso acontecer, experimente adicionar 1 colher (sopa) de água morna. Se a mistura desandar completamente, bata outra gema de ovo em uma tigela à parte e incorpore-a aos poucos ao molho.

4 Prove o tempero. Se estiver muito suave, acrescente um pouco mais de vinagre. A maionese pode ser conservada, tampada, na geladeira por até 2 dias.

1 Coloque em uma tigela grande as gemas, a mostarda, 1 colher (sopa) do suco de limão, o alho, a pimenta-de-caiena e um pouco de óleo e bata levemente para ligar os ingredientes.

2 Siga as etapas 2, 3 e 4 da receita de maionese. Tampe e deixe na geladeira até a hora de servir.

## Molho holandês

Espesso e aveludado, este molho arremata com perfeição uma entrada de verão, servido generosamente sobre brotos frescos de aspargos, minibatatas, brócolis, peixe frito ou ovos cozidos. Ele exige apenas um pouco de paciência, e precisa ser preparado com 1 hora e 30 minutos de antecedência.

**Tempo de preparo** 10 minutos
**Tempo de cozimento** 10 minutos
**Rendimento** 6 porções

2 colheres (sopa) de vinagre de vinho branco
1 folha de louro
½ colher (chá) de pimenta-do-reino em grão
3 gemas
200 g de manteiga sem sal, em temperatura ambiente, cortada em cubinhos de 1 cm
sal e pimenta-do-reino

1. Coloque o vinagre, a folha de louro, os grãos de pimenta e 1 colher (sopa) de água em uma panela pequena de fundo grosso. Deixe ferver e cozinhe em fogo baixo até o líquido reduzir pela metade.
2. Aqueça uma panela média contendo cerca de 5 cm de água até quase o ponto de fervura. Coloque as gemas em uma tigela refratária que se encaixe confortavelmente sobre a panela sem que a base encoste na água. Peneire a mistura de vinagre sobre as gemas e bata levemente para incorporar os ingredientes.
3. Junte um cubinho de manteiga e misture. Assim que derreter, acrescente outro e misture novamente. Continue a colocar a manteiga, um cubinho por vez, até o molho ficar espesso e brilhante. Tempere com sal e pimenta-do-reino e prove o sabor.

# RECEITAS BÁSICAS DE MOLHOS

## Molho de tomates assados

Este molho combina muito bem com pratos à base de peixes. Vale a pena fazer se os tomates estiverem maduros e bem saborosos; caso contrário, utilize tomates em lata picados.

**Tempo de preparo** 10 minutos
**Tempo de cozimento** 50 minutos
**Rendimento** 750 ml

1 kg de tomates bem maduros
4 colheres (sopa) de azeite
1 colher (chá) de açúcar refinado
1 cebola bem picada
4 dentes de alho amassados
2 colheres (sopa) de orégano fresco picado
**sal e pimenta-do-reino**

1. Corte os tomates ao meio e disponha-os, com o lado cortado voltado para cima, em uma assadeira grande e rasa.
2. Regue com 2 colheres (sopa) do azeite, o açúcar e um pouco de sal e pimenta-do-reino. Asse em um forno preaquecido, a 200°C, por 40 minutos, ou até que os tomates estejam macios e começando a dourar.
3. Em uma frigideira, frite levemente a cebola no restante do azeite por cerca de 10 minutos, ou até ficar macia, e acrescente o alho por volta dos 2 minutos finais.
4. Bata os tomates em um liquidificador ou processador de alimentos e despeje na frigideira juntamente com o orégano. Cozinhe por 5–10 minutos ou até ficar levemente encorpado. Prove o tempero e sirva.

# Massas

Fabricar suas massas pode parecer um tanto desafiador à primeira vista, mas é muito gratificante, e vicia! Use apenas ovos da melhor qualidade, caipiras ou orgânicos, e invista em uma boa máquina de macarrão.

### Massa básica de macarrão

Esta receita, como prato principal, serve 4 pessoas. Se a opção for uma massa recheada, aumente os ingredientes para 300 g de farinha e 3 ovos grandes, já que, ao cortar os formatos, há um desperdício maior de massa. Se não encontrar farinha de trigo do tipo "00", use uma farinha de trigo especial de boa qualidade.

**Tempo de preparo** 15 minutos, mais o tempo para descansar, abrir e moldar a massa
**Rendimento** 4 porções como prato principal, ou 6–8 como entrada

200 g de farinha de trigo "00"*, e um pouco mais para polvilhar
2 ovos grandes

1. Em uma superfície lisa e limpa, faça um monte com a farinha e abra um buraco no meio (misturar os ingredientes diretamente sobre uma superfície plana é a maneira tradicional, e mais fácil, de amassar o macarrão, mas se preferir pode usar uma tigela grande). Quebre os ovos dentro do buraco. Com um garfo, bata os ovos ligeiramente e, ao mesmo tempo, vá incorporando aos poucos a farinha que está ao redor.
2. Quando a mistura começar a ficar pastosa, misture o restante da farinha com os ovos e mexa com as mãos até obter uma massa quebradiça.
3. Continue sovando a massa, polvilhando com um pouco de farinha, se necessário, para não grudar. A textura da massa deve ser mais firme e mais compacta que a de uma massa de pão ou torta, mas não tão firme a ponto de ficar borrachuda e ressecada.
4. Trabalhe a massa até ficar lisa e elástica, depois embrulhe em filme plástico e deixe descansar em temperatura ambiente por 20 minutos. Isso fará com que a massa fique mais macia e fácil de trabalhar.

*N.T.: Tipo de farinha italiana bem fina e muito branca indicada especialmente para a confecção de massas frescas.

### Como abrir a massa

Abra as massas, antes de cortá-las ou moldá-las, com um rolo ou uma máquina. Uma vez preparadas, as massas podem ser guardadas na geladeira por algumas horas, ou então congeladas, para que durem mais.

Forre duas ou três assadeiras ou bandejas com panos de prato ou toalhas de papel e polvilhe com um pouco de farinha. Divida a massa em 6 partes iguais (ou 8–10 partes, se estiver preparando uma quantidade maior).

### Para abrir com a máquina

Achate uma porção de massa até que fique um pouco mais estreita que a largura dos cilindros e polvilhe com bastante farinha. Regule os cilindros da máquina para a primeira posição (para fazer lâminas mais espessas) e passe a massa por eles. Mude para a próxima posição, dobre a folha de massa ao meio no sentido do comprimento, polvilhe com mais farinha e passe novamente pelos cilindros. Repita o procedimento, regulando os cilindros para que fiquem cada vez mais estreitos, até obter uma folha de 1–2 mm de espessura (provavelmente não será necessário usar as últimas posições do cilindros, pois a massa ficaria fina demais para manusear). Se for preciso, corte a massa ao meio no sentido do comprimento para facilitar o trabalho. Estenda as folhas de massa sobre os recipientes forrados enquanto prepara o restante.

### Para abrir com o rolo

Polvilhe a massa, a superfície de trabalho e o rolo de macarrão com farinha e abra a massa até ficar o mais fina possível.

### Massas com sabor

Massas com sabor podem ser compradas prontas – frescas ou secas – ou feitas em casa. As sugestões a seguir são para dar sabor a uma receita de massa feita com 200 g de farinha.

### Ervas

Pique muito bem 25 g de uma erva – ou combinação de ervas – de sua preferência. Salsinha, endro, funcho, coentro, manjericão, tomilho e estragão são ótimas opções, mas certifique-se de que estejam totalmente secas antes de picá-las. Junte aos ovos antes de incorporar a farinha.

### Funghi porcini

Junte água fervente a 15 g de funghi porcini até cobrir e deixe hidratar por 15 minutos. Escorra, reservando 2 colheres (chá) dessa água. Bata os funghi e a água reservada em um processador de alimentos até formar uma pasta e misture aos ovos antes de incorporar a farinha. Junte mais farinha à massa, se estiver grudenta.

### Espinafre

Cozinhe 100 g de folhas de espinafre em uma panela com algumas gotas de água até murcharem. Escorra, espremendo bem com as mãos para remover o máximo possível de líquido. Seque um pouco mais pressionando bem entre toalhas de papel. Bata em um processador com um dos ovos pedidos na receita, em seguida junte aos outros ovos e siga as instruções da receita básica. A massa ficará mais grudenta que a massa normal, por causa da umidade do espinafre, então acrescente um pouco mais de farinha.

### Tomate

Misture aos ovos, antes de juntá-los à farinha, 3 colheres (sopa) de tomate seco em pasta. Junte um pouco mais de farinha ao trabalhar a massa, se ela estiver grudenta.

## Como fazer ravióli

O ravióli geralmente é um quadrado de 5 cm, mas depois de dominar a técnica, você pode se aventurar a fazer raviólis menores, com cerca de 3 cm, maiores, com cerca de 8,5 cm, ou redondos (ver a seguir). Moldes especiais para ravióli são úteis para fazer grandes quantidades, mas é muito fácil, e gostoso, fazer os raviólis artesanalmente.

Estenda uma folha de massa sobre uma superfície enfarinhada. Com uma colher de chá, distribua o recheio sobre a massa, em fileiras, deixando um intervalo de 2,5 cm entre eles. Achate os montinhos ligeiramente. Se a tira de massa for larga o bastante, coloque um pouco mais de recheio, deixando sempre um espaço de 2,5 cm entre os montinhos. Com o auxílio de um pincel culinário umedecido em água, pincele toda a superfície de massa ao redor do recheio. Estenda outra folha de massa por cima, sem apertar. Começando em um dos lados, pressione a massa ao redor de cada montinho de recheio, eliminando todo o ar e vedando bem as bordas. Use uma faca ou um cortador individual de ravióli para recortar os quadrados de massa. Transfira para um pano de prato ou toalha de papel enfarinhado enquanto monta os restantes.

> **DICA: COMO COZINHAR MASSA FRESCA**
>
> A massa fresca deve ser cozida em uma panela grande com bastante água fervente por 2–3 minutos, ou até ficar *al dente* (resistente à mordida). Mexa para evitar que a massa grude; não tampe a panela. Se for deixar a massa secar antes de cozinhar (pendurada em varalzinho ou cabide), aumente esse tempo para cerca de 5 minutos. Escorra bem e sirva imediatamente.

Para fazer raviólis redondos, siga o procedimento anterior, mas use um cortador circular de borda lisa ou dentada.

## Como fazer talharim

Corte as folhas de massa de modo que fiquem com cerca de 30 cm de comprimento, para facilitar. Polvilhe com farinha e dobre a massa algumas vezes. Corte em tiras de 0,5–1 cm de largura. Desenrole e estique as fitas, separando-as. Como alternativa, passe a massa pelo cilindro apropriado da máquina de macarrão para cortar talharim.

MASSAS 27

### Nhoque
Na verdade, o nhoque não é propriamente uma massa, mas é preparado de forma muito semelhante. Pode ser feito com muitas horas de antecedência, se conservado em geladeira.

**Tempo de preparo** 30 minutos
**Tempo de cozimento** 45 minutos
**Rendimento** 4 porções

**750 g de batatas farinhentas**
**40 g de queijo parmesão ralado**
**125–150 g de farinha de trigo**
**sal**

1 Coloque as batatas com casca em uma panela e cubra com água. Depois de levantar fervura, deixe cozinhar por cerca de 40 minutos, ou até ficarem macias (não espete as batatas muitas vezes, ou elas absorverão muita água). Escorra e descasque as batatas assim que esfriarem um pouco. Ponha as batatas de volta na panela e amasse-as bem, junte o parmesão e um pouco de sal. Acrescente aos poucos 100 g da farinha, misturando bem com uma colher de pau.

2 Quando a mistura ficar muito dura para mexer com a colher, vire-a sobre uma superfície e amasse com as mãos, juntando um pouco mais de farinha. Pare de acrescentar farinha quando a massa estiver macia e ligeiramente pegajosa. Divida em 4 partes e, com as mãos, forme rolinhos com cerca de 1,5 cm de espessura. Corte em pedacinhos de 2,5 cm de comprimento.

3 Pressione um nhoque sobre os dentes de um garfo enfarinhado, rolando-o um pouco para frente e para trás de modo que fique com um formato levemente curvado. Faça o mesmo com os demais.

4 Ferva um pouco de água com sal em uma panela grande e acrescente os nhoques aos poucos, cozinhando-os por cerca de 2 minutos, ou até que subam para a superfície. Retire-os da água com uma escumadeira e escorra bem.

# Carnes

Maciez e sabor são qualidades essenciais para uma boa carne. Quando possível, compre carnes orgânicas ou de pequenos produtores – elas são muito melhores que as carnes mais baratas vendidas em grandes supermercados.

A forma mais prática de se adquirir carnes de boa qualidade é procurar um açougue que se preocupe com a qualidade e a procedência das carnes.

O vermelho vivo da carne não é necessariamente um sinal de qualidade. Um tom vermelho-escuro normalmente mostra que ela ficou suspensa de forma apropriada. Procure por uma camada externa de gordura lisa, que não seja demasiadamente grossa, com a carne levemente entremeada de gordura. Escolha uma carne bem cortada e limpa, sem pedaços de ossos. Nunca compre carne com coloração acinzentada.

## Carne bovina

Para conseguir o melhor sabor e uma boa textura, a carne de boi deve ser suspensa por pelo menos duas semanas após o seu abate. Durante esse tempo, as enzimas e bactérias da carne quebrarão as suas fibras, deixando-a mais macia, com a cor mais escura e o sabor mais acentuado. Escolha carnes bovinas estriadas de gordura, pois isso ajuda a deixá-las suculentas.

**Melhores cortes para assar**
Peito, cupim, costela, contrafilé, picanha, alcatra, maminha, lagarto, coxão mole, fraldinha e filé-mignon (assim como outros cortes mais magros, deve ser regado constantemente para não ressecar).

**Melhores cortes para guisar e ensopar**
Contrafilé, filé-mignon, alcatra, patinho, coxão mole (que também ficam bons em bifes e picadinhos), fraldinha, coxão duro, músculo (excelente em sopas), ossobuco, rabo, peito, peixinho, miolo da paleta, acém, ponta-de-agulha, cupim, capa de filé e costela, além da carne-de-sol e carne-seca.

**Melhores cortes para fritar e grelhar**
Filé-mignon (também conhecido por chateaubrian, tournedos, escalope, medalhão, escalopinho, saltimbocca e paillard, dependendo da espessura e da origem do corte). E também: picanha, maminha, alcatra, fraldinha, T-bone, bisteca e chuleta (de fibras mais rijas e curtas).

**Outros cortes**
Pescoço (um dos cortes mais baratos, fica ótimo em molhos, cozidos, picadinhos e carne de panela), braço (apropriada para moer e ensopar), aba de filé (em geral vendida somente moída), maminha de alcatra (de sabor suave, por causa da baixa irrigação sangüínea) e rabo (usado para sopas e para a tradicional rabada). Para moer, a carne mais indicada é o patinho, mas o coxão mole e o duro também são usados – de preferência, peça para o açougueiro moer a carne na sua presença.

## Vitela

Esta carne vem de vitelos criados à base de leite, que são abatidos entre a oitava e a décima segunda semana de vida, ou de novilhos criados em pastos, um pouco mais velhos (quatro a cinco meses de vida). A carne de vitela deve ter uma coloração pálida e aparência úmida – sem áreas avermelhadas. Deve ser bem magra, com alguns poucos veios de gordura de cor semelhante à da carne.

**Melhores cortes para assar**
Pernil (de preferência envolto em fatias de bacon – se fizer como carne de panela, junte legumes, para contrabalançar a falta de gordura); lombo (com ou sem o osso, em uma peça só).

**Melhores cortes para fritar e grelhar**
Escalopes (bifes finos, em geral tirados da ponta do filé e amaciados com o martelo de carne), filé-mignon (medalhões e tournedos) e costeletas.

**Melhores cortes para ensopar, guisar e refogar**
Cortes da parte central do pescoço, peças mais fribrosas vendidas inteiras, com ou sem osso – como a paleta e a aba (com ou sem a costela), a carne moída e o fígado.

## Cordeiro
Em termos culinários, a textura e o sabor da carne de cordeiro dependem muito da idade do animal na época em que foi abatido. Em geral, o cordeiro jovem com menos de um ano de idade é considerado o melhor, apesar de a carne mais maturada ser tão ou mais saborosa. As carnes mais maturadas, que necessitam de cozimento mais lento, são vendidas com o nome de carne de carneiro (mais de um ano de idade).

**Melhores cortes para assar**
Pernil (vendido com ou sem osso, inteiro ou em pedaços menores), carré, paleta (pode ser desossada e recheada), costela e lombo (com ou sem o osso, em uma peça só).

**Melhores cortes para grelhar e fazer churrasco**
Costeletas, bistecas (cerca de 3 por pessoa), selle (pedaço que vai das últimas costelas até a perna – deve ser deixado em vinha-d'alhos antes de assar), T-bone, medalhões (retirados do lombo desossado), fígado e rins.

**Melhores cortes para ensopar e guisar**
Peito e pescoço (têm mais osso e gordura que os outros cortes, e ficam muito saborosos em sopas e cozidos), aparas da paleta e carne de cordeiro moída.

## Carne suína
Atualmente, esta é uma carne barata e, como o frango, tem sofrido com a produção em larga escala, geralmente resultando em uma carne mais gorda, que não é maturada e tem pouco sabor. A maior parte dos leitões do gado suíno é abatida com vários meses de vida (conhecidos como porcos), exceto o leitão, que é abatido com três a oito semanas.

**Melhores cortes para ensopar e guisar**
Pernil (em pedaços, sem osso), lombo (contém menos gordura que os demais cortes suínos – tome cuidado para que não fique ressecado; pode ser recheado); carré (lombo com o osso), acém e paleta.

**Melhores cortes para assar e grelhar**
Pernil (inteiro, com ou sem osso), costeletas, bistecas, costelinhas e lombinho (que pode ser cortado em bifes e medalhões para assar na grelha ou na frigideira).

**Outros cortes**
O joelho e o pé (cortes mais baratos) podem ser usados em sopas e cozidos – o pé, juntamente com o rabo, o focinho, as orelhas e a língua, depois de salgados, são ingredientes básicos da feijoada; da barriga e da papada retira-se gordura, toucinho e bacon; usa-se também o fígado e os rins do porco.

**Pernil**
A maior parte dos pernis provêm das coxas traseiras. São conhecidos como pernil em sua forma natural ou após serem curados. Após o cozimento é chamado de presunto. Presuntos prontos para assar podem ser encontrados em peças inteiras ou fatiados. Os adquiridos para cozinhar em casa devem ficar de molho por pelo menos 24 horas (ou até por mais dias, se forem muito grandes). A carne de porco também pode ser curada para ser consumida crua em fatias extremamente finas, como o presunto italiano, o mais conhecido deles, dos quais o presunto Parma é considerado o melhor. Eles são curados e expostos ao ar por vários meses para secar.

**Bacon**
Defumado ou não, pode ser adquirido em pedaços ou em fatias. A barriga de porco é muito usada para fazer peças de bacon, como a panceta italiana, a speck escandinava e alemã, o toucinho espanhol ou o bacon em fatias. Os cortes mais magros são obtidos das partes mais carnudas do leitão, como as costas. Todo bacon deve ser cozido antes do consumo.

# Aves

Antes reservadas para os almoços de domingo e as festividades, as aves, em especial o frango, passaram a ser muito consumidas e fáceis de comprar. Para um melhor sabor, use o frango caipira ou orgânico.

### Frango
É uma das carnes mais versáteis. Sua textura magra e seu sabor relativamente suave possibilitam a preparação dos mais variados pratos, de um simples assado até pratos quentes, picantes, condimentados e aromáticos.

Procure uma granja ou uma marca de confiança para lhe servir de referência de qualidade. Compre um frango grande, de forma que você possa servi-lo assado em um dia e desfiá-lo para fazer uma salada no outro, ou acrescentar a recheios de sanduíches ou a molhos para uma massa. Os ossos, as sobras e os miúdos podem ser aproveitados para fazer um caldo delicioso, a ser servido em uma terceira refeição, como uma sopa acrescida de legumes.

Galetos e frangos caipiras também estão sujeitos ao sistema de criação em larga escala; assim, procure marcas comprovadamente orgânicas quando for comprar.

### Pato
O pato é muito saboroso, mas contém uma alta porcentagem de gordura. A maior quantidade de sua carne concentra-se no peito – uma ave de aproximadamente 2,5 kg serve 4 pessoas. Sempre fure a pele com um espeto antes de assá-lo, para a gordura derreter e sair. Asse-o em uma grade colocada sobre a assadeira. Alguns patos são especialmente criados para as receitas de pato ao estilo chinês e são nomeados de acordo, como o Pato de Pequim, por exemplo.

### Ganso
Há muito pouca carne para cada quilo de ganso cru, pois a maior parte dele é composta de gordura, que se liquefaz durante o cozimento. Um ganso de 5–6 kg serve até 10 pessoas. Saboroso, o ganso normalmente é servido com recheios leves e bem temperados e acompanhamentos como maçãs, uvas-passas e castanhas. Antes de assar, faça furos na pele com um garfo para que a gordura derreta e elimine o excesso de gordura de dentro da cavidade. Asse o ganso e a gordura retirada em uma grade sobre a assadeira.

Ao assar o ganso, você verá que ele produz uma grande quantidade de gordura, que pode ser recolhida e armazenada na geladeira para uso futuro. Use-a no pão, para assar batatas ou para fazer ensopados e confit.

### Galinha-d'angola
A galinha-d'angola, cujo sabor lembra o das aves de caça, pode substituir o frango caso você deseje algo diferente. Assim como com o frango, o sabor varia muito entre as aves produzidas no sistema industrializado e as criadas soltas.

### Peru
Embora seja tradicionalmente servido em épocas festivas, o peru é sempre uma opção leve e econômica. Em geral, é vendido inteiro, mas a carne do peito também é vendida em pedaços, em filés ou em tiras para fritar e refogar. Substitui muito bem o frango na maioria dos pratos picantes. Calcule 350 g por pessoa, para um peru inteiro assado.

### Como amarrar

Amarrar a ave ajuda a mantê-la em um bom formato enquanto estiver assando e evita que a carne da coxa resseque. Retire o saquinho plástico da cavidade, se houver, e acrescente o recheio, se a receita indicar. Estique a pele do pescoço sob a ave e dobre as pontas das asas sobre a parte mais carnuda. Passe um pedaço grande de barbante sob a ave na altura do meio do peito, de forma que ele prenda a pele do pescoço que foi dobrada para baixo, e junte a asinha da ave. Cruze o barbante na frente, formando um X sobre o peito e a junção da coxa e sobrecoxa do frango. Cruze o barbante por baixo mais uma vez pelas laterais, na altura da ponta das coxas, e suba. Termine amarrando-as bem, na frente da cavidade.

### Como trinchar frangos e galinhas-d'angola

Para separar a coxa e sobrecoxa do restante do corpo, afaste-as levemente do corpo da ave para ficar mais fácil localizar a junta. Para separar a coxa da sobrecoxa, dobre e estique a perna do frango algumas vezes para identificar o ponto exato da junção. Faça um corte de um dos lados do peito, retire a carne, mantendo a faca o mais próxima possível ao osso para evitar perdas. Separe as asas do peito, de modo que um pouco da carne do peito fique na coxinha da asa. Se desejar, corte o peito ao meio.

### Como espetar um ganso ou pato

Coloque a ave em uma tábua de carne com o peito para baixo e perfure toda a superfície com um espeto fino, para a gordura escorrer enquanto a ave estiver assando. Evite perfurar a região do peito, para que fique com uma aparência mais bonita.

### Como verificar se a carne de ave está cozida

Frangos, perus e galinhas-d'angola devem estar sempre completamente cozidos. Para assegurar-se de que estão totalmente cozidos, enfie um espeto na parte mais grossa da coxa. Se o suco sair claro é sinal de que a ave está pronta. Se o suco sair um pouco rosado, deixe-a mais tempo no forno.

### Como abrir a ave para grelhar ou fazer churrasco

Os frangos pequenos, as aves de caça e os galetos podem ser abertos e achatados para facilitar ao grelhar ou fazer churrasco. Retire o barbante, se tiver. Utilize uma tesoura de cozinha para eliminar as pontas das asas, depois corte dos dois lados da espinha dorsal, descartando-a. Vire o peito da ave para cima e, segurando firme pelas costelas, abra a ave por trás. Termine de achatá-la pressionando com força o peito para baixo. Em aves grandes é possível manter o formato achatado com a ajuda de dois espetos longos enfiados no sentido horizontal da carne. A carne pode ser marinada após o cozimento.

# Carnes de caça e outros tipos

As carnes de caça têm se tornado mais popular, uma alternativa interessante e saudável a outras carnes. A maior parte das caças é protegida por lei (o que varia de região para região), para evitar que os animais sejam caçados demasiadamente, e para permitir que criem seus filhotes.

### Cabrito
O sabor do cabrito lembra o do cordeiro, podendo substituí-lo em caçarolas e ensopados condimentados. Pode ser difícil encontrar cabrito nos mercados, e talvez você tenha que encomendar em algum fornecedor especializado.

### Tetraz
O tetraz é uma das carnes de caça mais apreciadas e caras, além de ser encontrada apenas durante uma curta temporada no ano. Os tetrazes jovens ficam mais saborosos quando simplesmente assados com uma camada de fatias de bacon para mantê-los úmidos. As aves mais velhas devem ser marinadas ou utilizadas em tortas e caçarolas. Calcule um por pessoa.

### Lebre
Os lebrachos (lebre com menos de um ano) são os mais macios e deliciosos, mas depois dessa idade começam a ficar rijos e podem precisar de um cozimento mais longo. A carne de lebre é muito mais escura do que a de coelho e deve ficar suspensa por alguns dias antes de ser consumida. Para amenizar a sua textura seca, ela deve ser marinada ou envolvida em gordura (ou ambos) antes de ser lentamente assada na panela ou no forno.

### Avestruz
É uma alternativa leve e macia para as carnes mais conhecidas, mas pode ser difícil encontrá-la. Filés de carne de avestruz de primeira podem ser fritos, exatamente como se faz com a carne bovina, ao passo que os cortes mais rijos ficam melhores quando preparados em caçarolas e ensopados.

### Perdigão
O perdigão tem um sabor mais delicado do que o da maioria das aves, por isso fica melhor com acompanhamentos também suaves. Como o pombo, a maior parte da carne encontra-se nos peitos, e o restante pode ser reservado para o preparo de um saboroso caldo. Calcule uma ave por pessoa.

### Faisão
Em geral, os faisões são comprados aos pares, isto é, um macho ligeiramente grande e uma fêmea menor e mais suculenta. Um faisão que tenha sido maturado por várias semanas terá um sabor bastante acentuado, caso contrário será tão suave quanto qualquer outra ave de caça. Faisões jovens podem ser cobertos com bacon e assados, e os mais velhos ficam melhores quando cozidos em panela ou em tortas e ensopados.

### Pombo
O pombo tem sabor bastante forte e uma pele vermelha escura, mais rija em pombos mais velhos, que pode ser amaciada em uma marinada com vinho tinto. Retire o peito antes de preparar e use a sobra da carcaça para dar sabor a caldos. Calcule um ou dois pombos por pessoa.

### Codorna
Pequena e de sabor suave, seu preparo é trabalhoso. Em geral é servida inteira, algumas vezes recheada, ou com molhos que levam ingredientes como uvas-passas, xerez e crème fraîche. Em alguns países do Mediterrâneo elas são servidas envoltas em folhas de uva. Calcule duas unidades por pessoa, a menos que sejam grandes.

### Coelho
A intensidade do sabor da carne de coelho depende

tanto da idade do animal quanto do fato de ser selvagem ou criado em cativeiro. É melhor não consumir o coelho muito jovem, pois o seu sabor não teve tempo de se desenvolver, mas pode ser consumido sem que precise ser maturado antes. Presença constante na culinária espanhola, a carne de coelho pode ser assada com azeite e ervas ou cozida com vinho ou alho. A torta de coelho é uma especialidade da culinária tradicional inglesa, aromatizada com ingredientes fortes como o bacon e a mostarda. Um coelho de tamanho médio serve bem duas pessoas.

### Carne de veado

A carne de veado vem da corça, do gamo ou do cervo, e tanto a de animal selvagem quanto a confinada podem ser encontradas. O "sabor de caça" será determinado pelo período de tempo que a carne ficou maturada, e isso pode variar de alguns dias até mais de três semanas. A carne da costeleta, do lombo e do pernil de veado são as opções de corte para assar, enquanto as outras partes mais fibrosas são vendidas em cubos para serem usadas no preparo de patês, tortas e caçarolas. Em mercados europeus, é possível encontrar também lingüiça dessa carne.

Compre carne escura e com fibras bem juntas. Como a carne de veado tende a ressecar, uma boa idéia é mariná-la.

### Javali

O javali é mais gostoso quando consumido jovem. Seu sabor é mais forte que o do porco selvagem e, como o porco, é perfeito para ser acompanhado por frutas. A carne deve ser bem escura, com pouca gordura. Se for jovem, maturar a carne é o suficiente para amaciá-la, mas a carne mais velha precisa ser marinada, de preferência, em vinho tinto. O pernil e o lombo podem ser assados; os demais cortes devem ser grelhados, fritos ou cozidos na panela. O javali deve estar completamente cozido antes de ser consumido.

### Como preparar aves de caça para assar

Para preparar uma ave de caça para assar, remova todas as penas (talvez seja necessário usar uma pinça para remover as penas menores ao longo da coluna dorsal) e lave a cavidade antes de temperar por dentro e por fora. Insira ervas como alecrim, sálvia, estragão, cheiro-verde ou tomilho na cavidade e cubra o peito com tiras de bacon. Para amaciar a carne, você pode mariná-la em vinho tinto ou branco. Asse em um forno quente, a 200ºC, por 15–45 minutos, dependendo do tamanho da ave. Para verificar se a carne está cozida, espete um garfo entre a sobrecoxa e o peito – o líquido deve ser claro.

### Como retirar a carne do peito

Para aves pequenas, como pombo ou perdigão, use uma faca afiada para desprender a carne do osso de um dos lados do peito e, em seguida, retire a carne com cuidado. Retire a pele.

# Como cozinhar carnes

Existem muitos cortes de carne, e para cada um há um método e tempo de preparo mais adequados. Alguns cortes são melhores para o cozimento rápido, na grelha ou frigideira, enquanto outros ficam deliciosos quando cozidos lentamente.

Os cortes de carne mais caros, retirados das partes menos exercitadas do animal (em geral, da parte traseira), podem ser preparados com métodos de cocção rápida e o sem acréscimo de líquido – assado, grelhado, frito ou na churrasqueira, por exemplo. Os cortes mais rijos, normalmente das partes mais exercitadas do animal (partes dianteiras), ficam mais tenros e saborosos quando cozidos lentamente, total ou parcialmente submersos em líquido.

## Como armazenar

Grande parte das carnes, especialmente as grandes peças, pode ser armazenada por vários dias na geladeira. As exceções são as carnes de aves, carne moída e miúdos, que devem ser cozidos logo após a aquisição. Toda carne deve ser retirada da embalagem, especialmente se for de plástico, e transferida para outro recipiente. A embalagem faz com que a carne não consiga respirar e estrague rapidamente. Cubra parcialmente a carne, para que o ar possa circular. Armazene-a na parte mais fria da geladeira. A maioria das carnes pode ser congelada.

## Como assar

Assar é uma boa opção para amaciar peças de carne com osso ou desossadas, recheadas ou não. É importante dourar a carne em óleo quente (em assadeira, em chapa aquecida no fogão ou em forno bem quente) antes de reduzir para uma temperatura média, para assar o centro sem queimar o lado externo. O tempo para assar pode variar dependendo do tipo, tamanho e corte da carne. Caso disponha de tempo, a sugestão é iniciar o cozimento quando a carne estiver em temperatura ambiente, pois assim ela aquecerá por igual mais rapidamente.

## Como fritar

Porções individuais de carne tenra, como bifes, escalopes e costeletas, podem ser fritas rapidamente para ficarem douradas por fora e rosadas por dentro, como é apreciado pela maioria das pessoas. Use uma panela grande e de fundo grosso e não coloque muitos pedaços de uma só vez, ou a carne será cozida em seu próprio suco. Primeiro, tempere a peça de carne por inteiro e aqueça o óleo ou a manteiga. Quando o óleo estiver bem quente, coloque a carne. O saboroso caldo com sobrinhas de carne que ficam na panela após a fritura pode ser aproveitado (ver pág. 36).

### TABELA PARA CARNES ASSADAS

A menos que a receita diga o contrário, asse a peça a 220°C por 15 minutos, reduza para 180°C e cozinhe pelo tempo indicado a seguir. As indicações de calor referem-se à temperatura interna da carne, que devem ser medidas com um termômetro adequado.

**Carne bovina**

| | | |
|---|---|---|
| (malpassada) | 10 minutos por 500 g | 45°C |
| (ao ponto) | 15 minutos por 500 g | 60°C |
| (bem-passada) | 20 minutos por 500 g | 75°C |

**Carne de vitela**

| | | |
|---|---|---|
| | 15 minutos por 500 g | 70°C |

**Carne de cordeiro**

| | | |
|---|---|---|
| (malpassada) | 10 minutos por 500 g | 45°C |
| (ao ponto) | 15 minutos por 500 g | 60°C |
| (bem-passada) | 20 minutos por 500 g | 75°C |

**Carne suína**

| | | |
|---|---|---|
| | 25–30 minutos por 500 g | 75°C |

O frango não necessita de um cozimento inicial em temperatura alta; asse por 30 minutos, por 500 g, a 190°C.

## COMO COZINHAR CARNES

> **TEMPO DE COZIMENTO PARA FILÉS**
>
> Os tempos de cozimento a seguir são para filés com 2 cm de espessura.
>
> - Quase cru: frite rapidamente de ambos os lados para que fique dourado na superfície, mas ainda com o centro completamente cru.
> - Malpassado: um minuto e meio de cada lado para que fique aquecido por inteiro, mas ainda bem rosado no centro.
> - Ao ponto – malpassado: dois minutos e meio de cada lado para que a maior parte fique cozida, com apenas um fiozinho rosado no centro.
> - Ao ponto – bem passado: cinco minutos de cada lado para que fique cozido por inteiro, mas ainda úmido.

### Como saltear
Para ser salteada, a carne deve ser levemente temperada e cortada em tiras ou fatias finas. A wok é ideal para saltear a carne sem que ela caia para fora da panela. Assegure-se de que a gordura esteja realmente quente antes de colocar a carne, e frite em pequenas porções, caso esteja preparando uma grande quantidade. Sempre frite a carne antes de acrescentar os legumes à panela.

### Como assar na panela
Peças maiores de carne, que tendem a ser mais rijas, podem ser assadas ou refogadas em panela, com ou sem osso, recheadas ou não. Este é um excelente método de cozimento que permite a distribuição uniforme do sabor, e o caldo do cozimento é tão delicioso que você não precisa preparar outro molho de carne. Primeiro, doure a carne por inteiro em manteiga ou óleo, depois acrescente um pouco de caldo de carne, vinho ou cerveja, legumes, ervas ou temperos, e leve ao fogo por um tempo, antes de colocá-la no forno ou cozinhá-la lentamente na chama do fogão. Este método também pode ser usado para cortes como o lombinho de porco, pois, além de lhe deixar livre para fazer outras coisas, esse lento processo não queima nem resseca a carne.

### Ensopados e caçarolas
Estes pratos são feitos a partir de técnicas similares que praticamente não diferem uma da outra, a não ser pelo fato de que, em geral, os ensopados são cozidos na chama do fogão e as caçarolas no forno, apesar de os ensopados preparados no forno não precisarem de atenção especial por isso. Essa é a melhor forma para transformar uma carne de segunda em deliciosos pratos tenros, e alguns ensopados podem realmente ficar deliciosos quando cozidos em um dia e reaquecidos no outro. A chave para o sucesso é dourar muito bem a carne antes de iniciar o cozimento.

### Como grelhar
Uma técnica rápida, simples e fácil é grelhar a carne. O ideal é usar uma grelha com tampa, pois ela usa toda a gordura da carne para evitar seu ressecamento e a adição de mais gordura. Antes de grelhar, tempere levemente a carne e preaqueça a grelha. Em geral, as grelhas são elétricas ou a gás e assemelham-se à churrasqueira. Outra forma eficaz é utilizar uma grelha estriada e preaquecida na chapa (ver pág. 13).

### Pochê
Algumas carnes, como o toucinho, o peito de carne de boi ou o filé de peito de frango, podem ser lentamente cozidas em água, com legumes e ervas, se desejar, para reterem o máximo possível de umidade. Esse mesmo líquido pode ser usado para fazer um molho. É importante que tão logo o líquido comece a ferver, o fogo seja reduzido para a carne cozinhar lentamente. A carne, quando exposta à fervura por muito tempo, torna-se dura e de difícil mastigação.

# NOÇÕES BÁSICAS

## Como fritar
Se estiver preparando um ensopado ou uma caçarola, fritar antes os pedaços de carne garante um ótimo sabor e uma boa cor ao prato. Primeiro, assegure-se de que a carne esteja realmente seca e, se necessário, enfarinhada e/ou temperada com sal e pimenta-do-reino (ver a seguir). Aqueça a gordura em uma frigideira de fundo grosso e adicione uma porção de carne. Não frite muita carne ao mesmo tempo. Os pedaços de carne precisam de bastante espaço entre si ou serão cozidos em seu próprio suco. Use uma espátula ou colher de pau para virar a carne uma ou duas vezes durante a fritura, até ela dourar. Retire-a da panela com uma escumadeira e reserve enquanto você frita o restante.

## Como selar
Em geral, os pedaços de carne maiores são selados antes de serem assados na panela ou no forno, para pegarem cor e manterem todo o sabor. Seque a carne com toalha de papel, se ela estiver úmida, e tempere-a com sal e pimenta-do-reino (ver a seguir). Aqueça a gordura em uma frigideira de fundo grosso ou em uma assadeira e sele a carne, dourando-a por inteiro.

## Como enfarinhar a carne
Algumas vezes a carne é enfarinhada, isto é, é passada levemente na farinha antes de ser frita, o que lhe dá uma boa cor e engrossa o líquido do cozimento. A carne deve estar realmente seca (seque-a com toalha de papel, se necessário); tempere a farinha com um pouco de sal e pimenta-do-reino e passe nela a carne, de forma que fique levemente enfarinhada por igual.

## Como preparar escalopes
Os escalopes de vitela são muito usados na culinária italiana e podem ser preparados a partir de bifes do pernil do animal. Coloque cada bife entre dois pedaços de filme plástico e, com o martelo de carne ou rolo de macarrão, bata delicada e repetidamente até ficarem finos.

## Base para molhos de carne
A sobra deixada na frigideira ou na assadeira, após a carne ter sido frita ou assada, forma a base de um bom molho de carne. Acrescente vinho ou caldo de carne ou de legumes e cozinhe na chama do fogão, mexendo com uma espátula ou colher de pau para desprender as raspas da fritura da assadeira ou frigideira. Se estiver preparando um molho de carne, a mistura pode ser apurada por alguns minutos para que o líquido reduza e o sabor se intensifique.

## Como marinar
A carne não ficará necessariamente mais macia por ser deixada de molho em vinha d'alhos. Até ingredientes ácidos, como o suco de limão ou laranja e o vinagre, não chegam ao centro da carne, e o vinho, algumas vezes, extrai a umidade da carne, deixando-a mais rija. A

marinada, úmida ou seca, é excelente para ressaltar o sabor da carne, pois esta absorve os deliciosos ingredientes aromáticos, como alho, ervas e temperos. A marinada também permite que você prepare um prato com antecedência, talvez como sua primeira atividade do dia, de forma que esteja pronto para ser cozido ou assado à noite.

### Como regar
Tradicionalmente, vários cortes de carnes, em particular os maiores, mais apropriados para assar, são regados (com o líquido da panela ou assadeira) diversas vezes enquanto assam. Essa técnica produz um ótimo efeito sobre a pele do frango, que fica mais saborosa e crocante.

### Como usar um termômetro de carne
O termômetro permite verificar se a carne alcançou a temperatura certa e, portanto, cozinhou durante o tempo recomendado. Insira a ponta do termômetro na parte mais grossa da carne, longe do osso (que pode afetar a temperatura), e aguarde 20–30 segundos. Para carne de porco, que deve ser servida completamente cozida, o termômetro deve mostrar 70–75°C. Para cordeiro e carne bovina, a temperatura pode variar entre 45°C para malpassado e 75°C para bem-passado.

### Como deixar a carne descansar
Deixar a carne descansar após o cozimento é essencial para permitir que as fibras musculares relaxem, deixando a carne mais macia e fácil de cortar. Transfira a carne para uma travessa, cubra-a com papel-alumínio e deixe por 20–30 minutos, dependendo do tamanho da peça. Isso lhe dará bastante tempo para preparar o molho de carne e finalizar os acompanhamentos, se for o caso.

### Como cortar
Várias são as formas conhecidas para se cortar carnes, mas a regra básica é usar uma faca grande e afiada, apropriada para carnes, de preferência com um garfo trinchante para segurá-la. Primeiro, assegure-se de que a carne tenha descansado (ver acima) – isso é tão essencial quanto cortá-la no sentido contrário às fibras para as fatias ficarem mais macias. Trabalhe sobre uma superfície plana e firme para que a carne não escorregue (o ideal é usar uma tábua emoldurada por uma borda sulcada em toda a sua volta). Mas, antes de começar a cortar a carne, remova todos os barbantes e espetos que tenham sido inseridos ou usados durante o cozimento.

### Molho de carne
Cortes de boa qualidade, sejam de carne ou ave, produzem sucos e gorduras deliciosos para um saboroso molho de carne. Depois de assar, escorra a carne, cubra-a com papel-alumínio e prepare o molho enquanto a carne descansa.

**Tempo de cozimento** 5 minutos
**Rendimento** cerca de 600 ml

caldo e raspas do assado que ficaram na assadeira
1 colher (sopa) de farinha de trigo (se desejar um molho ralo, use menos farinha)
300–400 ml de líquido (pode ser água do cozimento de legumes, molho de carne, uma parte de molho de carne e uma parte de água, ou uma parte de vinho e uma parte de água)
**sal e pimenta-do-reino**

1. Incline a assadeira que foi utilizada para o assado e, com o auxílio de uma colher, retire o excesso de gordura da superfície, deixando apenas uma fina camada de gordura.
2. Polvilhe a farinha sobre o suco da assadeira e mexa, com uma colher de pau, sobre fogo médio, raspando toda a sobra, principalmente das beiradas.
3. Despeje o líquido na assadeira aos poucos, mexendo bem até que o molho fique encorpado. Quando a mistura borbulhar, verifique o tempero, adicionando uma pitada de sal e pimenta-do-reino, se necessário.

# Peixes

Entre os diversos atrativos da culinária com peixes está o fato de o peixe ser um prato rápido e incrivelmente fácil de preparar. Pratos maravilhosos podem ser feitos a partir de ingredientes básicos, de boa qualidade, e, claro, com os peixes mais frescos disponíveis no mercado.

Hoje, com a grande oferta disponível no mercado e com a vulnerabilidade e mesmo a escassez de alguns dos nossos peixes favoritos, é preciso experimentar novas receitas. Há muitos peixes deliciosos e mais baratos que merecem ser preparados, seja para serem apreciados nas refeições diárias em família ou para jantares requintados com amigos.

As oscilações nas ofertas de peixe e a necessidade de apoiar padrões éticos nos processos de pesca significam que nós, como consumidores, podemos dar uma contribuição positiva à indústria pesqueira, especialmente pela forma como compramos peixe. Aumente as opções de peixe que você compra – existe uma grande variedade para escolher – e preste atenção nas informações sobre o produto escolhido. Elas podem variar de região para região, mas certamente tratarão de assuntos relevantes, como a maneira como a pesca foi feita, o local e se provém de uma fonte auto-sustentável. Se precisar de sugestões sobre como escolher peixes provenientes de estoques auto-sustentáveis bem gerenciados, pergunte na peixaria de sua confiança.

### Como comprar
Um dos aspectos que podem ser frustrantes ao planejar um cardápio com peixe é que, a não ser que seja um peixe fácil de encontrar, você nunca tem certeza de que irá achar determinado tipo de peixe para sua receita. Por essa razão, vale a pena encomendar o peixe dois ou três dias antes ou ir à peixaria com pelo menos algumas idéias a mais para as suas receitas. Além disso, os peixes devem ser preparados ainda frescos, e, portanto, é essencial comprá-los de um bom fornecedor. Procure uma peixaria ou um mercado que disponha de um balcão de peixes frescos com a melhor aparência possível. Procure escolher entre aqueles mais frescos e faça outras compras enquanto o peixeiro limpa e prepara o peixe que você escolheu.

Quando estiver escolhendo, procure peixes com olhos, pele e escamas brilhantes – os olhos não devem estar fundos, turvos ou embaçados. O peixe, tanto inteiro quanto em filés, deve ter um aspecto bom e firme, e não acinzentado, mole e áspero. Tenha muito cuidado ao comprar peixes gordurosos, como bonito, sardinhas ou arenque, pois eles se deterioram facilmente.

### Como armazenar
Frutos do mar, principalmente moluscos, devem ser cozidos sempre que possível no mesmo dia. Entretanto, para muitos de nós, isso não parece nada prático, mas se o peixe estiver bem fresco, ainda estará bom para o dia seguinte. Assim que você trouxer o peixe para casa, retire as vísceras (se isso ainda não foi feito) e faça o restante da limpeza mais difícil, como remover as escamas. Lave rapidamente o peixe inteiro ou os filés, removendo qualquer vestígio de sangue, e mantenha em um recipiente seco, caso contrário ocorrerá perda de sabor. Retire toda a embalagem de peixes que já estiverem preparados. Coloque-os em um recipiente raso, cubra bem com filme plástico e mantenha-os na parte de cima da geladeira.

Os moluscos, como mexilhões, mariscos, vieiras e ostras, devem ser lavados e refrigerados até o momento de cozinhá-los, mesmo que seja no mesmo dia. Moluscos cozidos podem ser guardados de um dia para outro.

### Como congelar
Congele peixes com precaução. Alguns peixes crus, como tamboril (peixe-sapo), salmão e linguado, podem ser congelados sem qualquer restrição, mas outros tipos, como solha, robalo, vermelho e peixes de carne gordurosa, não podem ser congelados. Leve ao congelador, se necessário, apenas peixes bem frescos para serem armazenados por pouco tempo. Um peixe armazenado no congelador por três meses pode ficar com uma textura esponjosa, dura e aguada.

# Como preparar frutos do mar

Os frutos do mar não podem ser armazenados como os outros tipos de peixe e, por isso, é melhor consumi-los no mesmo dia da compra. É possível encontrar atualmente frutos do mar pré-cozidos, mas se você conseguir comprá-los crus e cozinhá-los você mesmo, os resultados serão ainda melhores.

### Mariscos e conchas comestíveis
Embora mariscos e conchas comestíveis sejam mais fáceis de limpar do que mexilhões (ver a seguir), você ainda precisará observá-los cuidadosamente para identificar e descartar as conchas abertas ou quebradas.

### Sépsia
A sépsia, molusco cefalópode comum no mar Mediterrâneo, embora assemelhe-se à lula, tem um corpo mais roliço e um osso grande e achatado dentro. Esse osso pode ser facilmente removido com um corte no sentido do comprimento do corpo, por onde se retira também as vísceras. Prepare a sépsia da mesma forma que as lulas (ver a seguir).

### Mexilhões
Lave os mexilhões em água fria para remover a areia. Raspe ou escove os mexilhões e, com uma faca, retire as barbas (fiozinhos com aparência de algas marinhas; os mexilhões utilizam-nas para se prender às pedras e cordas). Enquanto estiver lavando, observe se todas as conchas estão em perfeito estado, e retire aquelas que estiverem quebradas ou rachadas. Os mexilhões que estiverem abertos devem se fechar quando batidos contra a quina da pia. Descarte aqueles que não se fecharem.

### Camarões
Tanto os camarões cozidos quanto os crus são preparados retirando-se a cabeça e a casca do seu corpo.

Se você for servir camarões na salada, talvez prefira deixar as caudas intactas, mas remova-as se for adicioná-los a outros ingredientes. Retire o intestino, linha grossa negra que percorre o corpo dos camarões maiores, fazendo uma pequena incisão ao longo da parte inferior e puxando-o para fora.

### Vieiras
As vieiras em geral são compradas prontas para o preparo, mas são fáceis de serem abertas se você comprá-las em suas conchas. Disponha-as sobre uma tábua de carne com a parte da abertura para cima e insira uma faca entre as duas conchas. Deslize a faca para soltar o lado mais fino da concha e sirva a carne na outra metade da concha. Limpe bem, deixando apenas o coral e a parte branca.

### Lulas
A maioria das lulas pode ser comprada limpa e pronta para ser cozida, com o corpo em formato de tubo, com ou sem cabeça. Lulas maiores também são vendidas fatiadas em anéis.

Se comprar lulas com a pele, retire a cabeça e os tentáculos, depois raspe tudo que estiver no corpo, retirando a espinha dorsal transparente e com aparência plástica. Retire também a pele escura; em geral ela sai facilmente quando puxada. As barbatanas podem ser removidas para serem cozidas separadamente. Retire os tentáculos da cabeça e corte-os logo abaixo dos olhos, para que fiquem dispostos em apenas uma parte. Descarte as cabeças. Se a receita pedir, corte o corpo em anéis. Enxugue bem todos os pedaços e deixe descansar até a hora de preparar.

## Como cozinhar peixes

Quanto mais fresco for o peixe, menos você precisará fazer para obter um sabor magnífico. Qualquer peixe é rápido de cozinhar, principalmente se for frito ou grelhado, por isso não se esqueça de preparar o acompanhamento antes ou pelo menos planejá-lo para que o peixe pronto não fique esperando por muito tempo.

### Como fritar por imersão

Você não precisa de uma fritadeira elétrica ou de uma fritadeira com uma cesta especial de fritura, embora isso facilite a remoção do peixe. Uma panela comum grande e com fundo grosso é suficiente, e você precisará de uma escumadeira grande. Nunca encha a panela com mais de 1/3 de óleo e certifique-se de que o óleo esteja na temperatura ideal antes de adicionar o peixe. Use um termômetro – se tiver – para fritar peixes a 180–190°C, ou confirme se está na temperatura certa utilizando um pedacinho de pão ou um pingo da mistura da massa. Eles devem fritar instantaneamente e dourar em 30 segundos.

Enquanto estiver fritando, fique atento para a velocidade do processo. Se o peixe estiver fritando muito rápido, reduza a temperatura ou desligue o fogo.

### Como fritar em pouco óleo

Os peixes podem ser fritos para realçar o sabor antes de serem adicionados a ensopados ou molhos curry, ou para serem servidos puros, sem acompanhamento. Você precisará de uma frigideira de fundo grosso antiaderente, que é essencial para obter uma textura crocante e evitar que o peixe grude na frigideira. Ao fritar na frigideira, o peixe obterá uma apetitosa coloração dourada, mas tome cuidado para não fritar vários pedaços de uma só vez, porque isso faz com que a temperatura baixe e o peixe frite em seu próprio caldo. Vire o peixe na metade do tempo de preparo e, se for servir com a pele, frite primeiro com a pele para baixo.

### Como grelhar

Grelhar peixes pode ser uma forma saudável de cozinhar,

mas os sabores geralmente são aprimorados com azeite ou manteiga e um pouco de suco de limão, que evita o ressecamento do peixe. Se você estiver usando um forno com grelha superior, preste atenção para que esta esteja bem quente antes de pôr o peixe. Faça pequenas incisões (se for servi-lo inteiro) para que o calor possa penetrar mais facilmente e acelerar o cozimento. Para sua conveniência, forre a grelha com papel-alumínio e unte com manteiga ou óleo para que o peixe não grude no papel-alumínio. Todos os peixes podem ser grelhados, mas peixes achatados são os mais apropriados para esse método, e uma solha ou um linguado frescos podem ficar prontos em menos de 10 minutos.

Grelhar é uma ótima maneira de preparar peixes carnudos de textura firme como atum, cação e peixe-espada. O peixe também pode ser grelhado em uma panela para grelhar. Pincele a panela com óleo e certifique-se de que esteja bem quente antes de adicionar o peixe. Vire-o apenas uma vez durante o cozimento para não estragar as apetitosas marcas da grelha. Fique atento para que o peixe não queime ou resseque.

### Como cozinhar na churrasqueira

A maioria dos peixes pode ser preparada rapidamente e muito bem em uma churrasqueira. Os moluscos ficam deliciosos quando preparados desse modo, assim como filés de atum, peixe-espada e cação. Peixes inteiros, incluindo os pequenos e finos, o salmonete, o robalo e o cherne, também cozinham bem. Peixes gordurosos, em

# COMO COZINHAR PEIXES

especial sardinhas e arenques, são perfeitos para churrasco.

Lembre-se de pincelar com azeite tanto a grelha quanto o peixe, para evitar que grude. Para obter mais sabor, coloque um pouco de ervas frescas e condimentos. Você pode comprar grelhas especiais para peixe adequadas para seu formato, o que torna o ato de virar o peixe muito mais fácil.

## Como assar em temperatura alta
Esta técnica de assar peixes é a similar à utilizada para carnes. Certifique-se de que o forno esteja quente antes de adicionar o peixe, que pode estar inteiro ou em filés, e regue com óleo ou manteiga para não ressecar. Depois de assado, você pode adicionar caldo de peixe, vinho ou creme de leite ao molho do assado para deixá-lo cremoso.

## Como assar em temperatura baixa
Este método é similar ao anterior, com exceção de que o peixe pode demorar mais para cozinhar em temperatura mais baixa. Os peixes preparados dessa maneira são geralmente assados com algum líquido – caldo ou vinho – e podem incluir legumes e ervas.

## Como cozinhar no vapor
Os peixes cozidos no vapor são, em geral, considerados leves, e esta técnica normalmente é usada quando alguém está em uma dieta restrita para emagrecer. Mas peixe cozido no vapor fica delicioso quando temperado com ingredientes como gengibre, limão, alho e especiarias, para os sabores penetrarem no peixe. Os peixes podem ser cozidos em um recipiente de bambu, colocados sobre uma panela comum ou wok com água fervente, ou em uma panela com grelha, coberta com papel-alumínio ou uma tampa. Algo mais simples ainda é cozinhar no vapor utilizando o forno, colocando o peixe em uma grelha apropriada dentro de uma fôrma com uma pequena quantidade de água e cobrindo-a por completo com papel-alumínio.

## Como escalfar
O método tradicional de escalfar um peixe inteiro em uma court bouillon* não é muito comum atualmente, mas qualquer pedaço de peixe preparado em fogo baixo com um pouco de caldo ou ensopado são exemplos da técnica de escalfar. Corte o peixe em pedaços não muito pequenos e deixe o líquido ferver lentamente em fogo muito baixo. Caso contrário, os pedaços de peixe irão se despedaçar.

*N.T.: Caldo preparado com o cozimento de legumes, ervas e, eventualmente, vinho, limão ou vinagre. É utilizado para o cozimento de frutos do mar, peixes ou legumes.

# Confecção de massas para tortas

A preparação de tortas não é uma arte restrita a um grupo seleto de pessoas, mas uma questão de seguir um conjunto de regras simples. A mais importante delas é manter tudo fresco – as mãos, a cabeça, os utensílios e os ingredientes.

### Escolha da farinha

A farinha de trigo comum é a mais indicada para a maioria das receitas, pois produz uma massa leve e crocante. A farinha com adição de fermento produz uma textura mais macia e esponjosa, e deve ser usada para massas que ficariam pesadas sem um agente de crescimento. A farinha de trigo integral – ou uma mistura de partes iguais de farinha de trigo integral e farinha de trigo comum – pode ser usada para a preparação de massa podre, mas tende a produzir uma massa pesada e quebradiça, difícil de trabalhar. Massas folhadas e semifolhadas costumam ser preparadas com uma farinha de trigo com alto teor de glúten, substância que confere maior elasticidade e resistência à massa.

### Escolha da gordura

O tipo de gordura utilizado influencia a textura e o sabor da massa. A gordura deve ser fria, portanto só retire da geladeira um pouco antes de usar, para facilitar o trabalho. A manteiga, de preferência sem sal, é a que dá a cor mais bonita e o melhor sabor à massa, mas quando é usada pura pode ser pesada e oleosa. A margarina confere uma cor bonita, mas o sabor não é tão bom quanto o da manteiga; o resultado depende da qualidade do produto. A margarina cremosa deve ser usada apenas para misturas prontas trabalhadas com o garfo. Banha de porco ou gordura vegetal de boa qualidade produzem uma boa textura, de consistência quebradiça, mas não enriquecem o sabor nem acrescentam cor quando usadas sozinhas. A melhor massa podre é feita com quantidades iguais de manteiga ou margarina e banha de porco ou vegetal.

> **OS SEGREDOS DE UMA BOA MASSA**
>
> - Calcule as proporções corretas de gordura em relação à farinha de trigo, de acordo com o tipo de massa. Para massa podre, use duas partes de farinha de trigo para uma de gordura. As massas podres mais gordurosas levam uma proporção maior de gordura em relação à farinha.
> - A menos que se trate de uma massa de carolina, mantenha tudo, inclusive as mãos, na menor temperatura possível.
> - Ao misturar a gordura com a farinha, use apenas as pontas dos dedos, para não aquecer. Levante a mão e deixe os farelos caírem de volta na tigela. Se usar um processador, use a função pulsar para que a massa não fique misturada demais.
> - Ao abrir e modelar a massa, não faça mais movimentos que o necessário para ela não ficar pesada.
> - Não adicione o líquido de uma só vez. A capacidade de absorção de cada tipo de farinha varia, e líquido demais pode deixar a massa pesada.
> - Sempre abra a massa usando movimentos leves e uma pressão uniforme, acrescentando o mínimo possível de farinha para que ela não fique rija.

### Água

Use a menor quantidade possível para dar liga. Água demais pode deixar a massa pegajosa, difícil de trabalhar e dura depois de assada. Use sempre água fria; no verão o ideal é usar água gelada. Para massas podres você vai precisar de cerca de 1 colher (chá) de água para cada 25 g de farinha. Embora a quantidade possa variar um pouco conforme a capacidade de absorção da farinha, esse é um bom parâmetro. Se a receita levar ovo ou gema de ovo, use uma quantidade menor de água.

### Açúcar

Algumas massas mais gordurosas, como pâte sucrée (ver pág. 47), levam um pouco de açúcar para que fiquem crocantes e douradas.

### Ovos

O ovo, em geral apenas a gema, é usado para ligar massas

## CONFECÇÃO DE MASSAS PARA TORTAS

podres mais gordurosas e acrescentar cor. Bata o ovo ligeiramente antes de adicioná-lo aos outros ingredientes.

### Resfriamento e descanso da massa
Com exceção da massa de carolina, a massa deve descansar por cerca de 30 minutos antes de ser levada ao forno, assim ela encolherá menos ao ser assada. Isso é especialmente importante para massas mais trabalhadas, como as folhadas ou semifolhadas. Para que a massa não fique ressecada, enrole-a em filme plástico e leve à geladeira.

### Como assar
Ao preparar tortas, é imprescindível preaquecer o forno, sobretudo no caso de massas com alto teor de gordura, que devem ser assadas em temperatura alta para ficarem leves e crocantes.

### Como abrir a massa
Polvilhe ligeiramente uma superfície fria e um rolo de macarrão com farinha de trigo. Abra a massa sem fazer muita pressão e em uma única direção, sempre de dentro para fora, girando-a aos poucos até completar toda a volta. Tente obter uma espessura homogênea e um formato uniforme. Não estique a massa, para ela não encolher ao ser assada. Dependendo da receita, a massa podre é aberta em uma espessura de cerca de 3 mm; a massa folhada pode ser um pouco mais grossa, com cerca de 5 mm.

### Como forrar a fôrma
Encaixe o fundo se a fôrma for desmontável. Abra a massa cerca de 5 cm maior que o diâmetro da fôrma. Enrole a massa frouxamente no rolo de macarrão, levante-o sobre a fôrma e desenrole com cuidado de um lado a outro. Assente delicadamente a massa na fôrma nas laterais, pressionando as bordas e tomando o cuidado de não esticá-la nem deixar formar bolhas de ar. Deixe que a massa caia para fora da fôrma e passe o rolo sobre toda a borda para cortar as sobras.

---

**QUAL A QUANTIDADE DE MASSA?**

Quando uma receita menciona a quantidade de massa podre necessária, o peso se refere à quantidade de farinha de trigo. Por exemplo, se a receita pedir 200 g de massa podre ou pâte brisée, faça uma massa com 200 g de farinha, além da gordura e dos outros ingredientes nas devidas proporções. Aqui está um cálculo aproximado da quantidade de massa necessária para diferentes tamanhos de fôrma de torta:

| Diâmetro da fôrma | Quantidade de massa |
| --- | --- |
| 18 cm | 125 g |
| 20 cm | 175 g |
| 23 cm | 200 g |
| 25 cm | 250 g |

**44** NOÇÕES BÁSICAS

### Como pré-assar
Para ficar com uma consistência crocante, a massa deve ser parcialmente assada antes de receber o recheio. É preciso colocar um peso sobre ela para que não estufe nem solte dos lados. Forre a fôrma com a massa da maneira habitual e fure toda a base com um garfo, para que o ar retido possa sair. Dessa forma não haverá a formação de bolhas.

Coloque uma folha de papel-manteiga sobre a massa, tomando cuidado para não danificar as bordas, e encha até a metade com feijão cru (ou use bolinhas de cerâmicas específicas, se tiver). Asse segundo as instruções da receita, em geral por 10–15 minutos, e depois retire o papel e os grãos de feijão. Se necessário, volte a massa ao forno por cerca de 5 minutos para que a base fique crocante. Os grãos de feijão também podem ser substituídos por papel-alumínio amassado.

### Massa filo
A massa filo tem fama de ser difícil de trabalhar, mas se você seguir estas dicas simples verá que não é mais difícil que qualquer outro tipo de massa. Para manter a folha macia e fácil de manusear, deixe a massa coberta sempre que não estiver trabalhando com ela. Cubra-a ou enrole-a com um pedaço de filme plástico ou pano úmido, senão ela vai ressecar e quebrar com facilidade. Tenha à mão todos os ingredientes ou o recheio, assim como um pincel para tortas, para que você possa finalizar a receita antes que a massa resseque.

Trabalhe rapidamente, longe do sol, colocando todos os pedaços quebrados ou rasgados entre as folhas inteiras – ninguém vai notar. Não umedeça a massa filo com água, senão as folhas vão grudar umas nas outras e se desintegrar; mantenha a superfície de trabalho seca pela mesma razão. Use gordura, como manteiga derretida, para selar as bordas e pincelar a massa a fim de obter uma consistência crocante. A massa filo pode ser assada ou frita.

### Como armazenar a massa
É melhor congelar a massa no formato em que ela vai ser usada, crua ou assada. Congele as bases de torta ou as tortas em embalagens de alumínio ou próprias para congelamento. As bases de torta sem recheio podem ir direto do congelador para o forno; acrescente 5 minutos ao tempo de cozimento normal. As tortas cruas, já recheadas, devem ser descongeladas antes de irem ao forno, para que fiquem bem assadas. As massas de torta podem ser congeladas por até 3 meses.

A massa de torta crua pode ser mantida na geladeira por até 7 dias antes da adição da água, ou no congelador por 3 meses. Descongele antes de adicionar água.

# Decoração de tortas

Uma decoração simples faz parte do visual tradicional das tortas e dos empadões. Folhas, treliças e bordas trabalhadas tornam o prato mais atraente e são muito simples de fazer.

### Marcas na borda
É importante selar bem as beiradas para que o recheio não vaze. Coloque um dedo de leve sobre a borda da massa e pressione a lâmina da faca no sentido horizontal, fazendo uma série de cortes rasos. Repita essa operação ao redor de toda a massa (ver lado esquerdo da foto abaixo).

### Trança
Corte três tiras estreitas e compridas de massa. Junte-as em uma das pontas e coloque sobre a borda da torta. Trance as tiras ao redor da torta, juntando tiras adicionais, se necessário, até contornar toda a torta. Esconda as pontas da trança, dobrando-as para baixo.

### Cordão
Corte duas tiras estreitas e compridas de massa e junte-as em uma das pontas. Prenda essa ponta na borda da torta e depois torça delicadamente as tiras em toda a volta à medida que avançar.

### Pregas
Este acabamento decorativo dá um toque profissional a uma torta e ajuda a selar bem as bordas. Coloque a faca em um ângulo vertical sobre a borda da torta e pressione o dedo ao lado da lâmina. Faça um corte vertical, puxando ligeiramente para cima, de modo a criar uma prega. Repita essa operação ao redor de toda a torta, com intervalos de cerca de 1,5 cm (ver lado direito da foto abaixo).

### Ondas
Esta é uma alternativa simples e rápida às pregas e bordas levantadas. Pressione o dedo indicador na beirada externa da torta. Ao mesmo tempo, faça uma barreira com o polegar e o indicador da outra mão, beliscando a borda externa. Repita essa operação ao redor de toda a torta.

### Folhas
Uma borda decorativa com folhas feitas da própria massa combina muito bem com uma torta de recheio simples. Empilhe as aparas de massa – mas não faça uma bola, ou elas poderão crescer de forma irregular. Abra a massa em uma espessura de cerca de 3 mm.
   Corte tiras compridas de cerca de 2,5 cm de largura. Corte as tiras na diagonal para formar losangos. Pressione a faca delicadamente contra a massa e cole as folhas com um pouco de gema ao redor da torta, sobrepondo-as ligeiramente para marcar os veios de cada folha.

### Treliça
Coloque as tiras afastadas, com intervalos espaçados para mostrar o recheio, ou quase se tocando, para fazer uma treliça fechada. Corte a massa em tiras compridas e estreitas. Começando em um dos lados da torta, sobreponha as tiras alternadamente, de modo a formar uma treliça larga. Fixe-as na borda da torta umedecendo com um pouco de água e pressionando ligeiramente no lugar. Apare o excesso com uma faca.

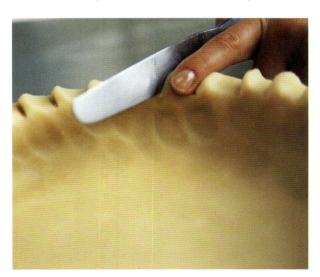

# Receitas básicas de massa para torta

Fazer uma boa massa de torta exige prática, mas não desanime, porque vale a pena. Para uma massa leve, o contato com mãos deve ser o menor possível – e sempre deixe a massa descansar depois de trabalhada.

### Massa podre

Uma opção clássica para pratos doces e salgados do dia-a-dia é a massa podre, a qual é fácil de trabalhar e moldar.

**Tempo de preparo** cerca de 10 minutos, mais o tempo para esfriar
**Rendimento** 200 g

200 g de farinha de trigo
uma pitada de sal
100 g de gordura, como manteiga e gordura vegetal hidrogenada em partes iguais
2–3 colheres (sopa) de água fria

1. Peneire a farinha de trigo e o sal em uma tigela. Junte a manteiga e a gordura vegetal cortadas em pedaços pequenos.
2. Misture delicadamente os ingredientes com a ponta dos dedos até obter uma farofa.
3. Adicione a água aos poucos e misture com uma espátula até começar a dar liga.
4. Transfira a massa para uma superfície levemente enfarinhada e trabalhe com os dedos para incorporar todos os ingredientes. Leve à geladeira por 30 minutos antes de usar.

# RECEITAS BÁSICAS DE MASSA PARA TORTA

## Pâte sucrée

A textura dessa saborosa massa amanteigada é parecida com a de um biscoito, ideal para tortas doces. A receita é suficiente para revestir uma fôrma de 20 cm.

**Tempo de preparo** cerca de 10 minutos, mais o tempo para esfriar
**Rendimento** 175 g

**175 g de farinha de trigo**
**uma pitada de sal**
**75 g de manteiga sem sal, levemente amolecida**
**2 gemas**
**1 colher (sopa) de água fria**
**40 g de açúcar refinado**

1. Peneire a farinha e o sal sobre uma superfície fria, formando um montinho, e abra um buraco no centro. Coloque a manteiga, as gemas, a água e o açúcar dentro do buraco.
2. Vá incorporando esses ingredientes com a ponta dos dedos até formar uma pasta grossa. A mistura deve ficar parecida com ovos mexidos. Ainda com a ponta dos dedos, junte a farinha de trigo aos poucos e misture até obter uma massa lisa. Junte, apertando de leve, para formar uma bola.
3. Envolva com filme plástico e leve à geladeira por 30 minutos antes de usar.

NOÇÕES BÁSICAS

 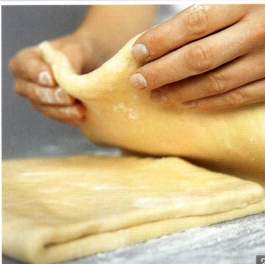 

### Massa folhada

Uma massa folhada bem feita aumenta em até seis vezes o seu volume depois de assada. Embora tenha fama de ser difícil de fazer, mantenha todos os ingredientes resfriados para obter sucesso.

**Tempo de preparo** cerca de 30 minutos, mais o tempo para esfriar
**Rendimento** 250 g

250 g de farinha de trigo
uma pitada de sal
250 g de manteiga fria em um só pedaço
1 colher (chá) de suco de limão
150 ml de água fria

1. Peneire a farinha e o sal juntos em uma tigela. Adicione ¼ da manteiga em cubos e misture com a ponta dos dedos até obter uma farofa. Acrescente o suco de limão e quase toda a água e misture. Junte o restante da água aos poucos para formar uma massa enxuta. Amasse sobre uma superfície enfarinhada, formando uma bola e, em seguida, achate. Envolva em filme plástico e leve à geladeira por 30 minutos. Coloque a manteiga restante entre duas folhas de filme plástico e abra com um rolo, moldando um quadrado de 1 cm de espessura. Desembrulhe a massa gelada e abra-a formando um quadrado. Ponha a manteiga no centro da massa e dobre as pontas envolvendo-a completamente.

2. Enfarinhe a superfície de trabalho e o rolo de macarrão. Abra a massa, formando um retângulo de 1 cm de espessura. Dobre-a em três partes iguais, envolva em filme plástico e leve à geladeira por 15 minutos.

3. Coloque a massa na superfície de trabalho com uma das laterais estreitas virada para você. Pressione levemente as bordas, passe o rolo novamente, formando um novo retângulo, e dobre-a como antes. Repita esse processo seis vezes e, em seguida, leve a massa à geladeira. Abra a massa no seu formato final e leve mais uma vez à geladeira por 30 minutos. Faça marcas nas bordas para que as camadas cresçam de forma proporcional (ver pág. 45).

RECEITAS BÁSICAS DE MASSA PARA TORTA    49

## Massa de carolina

Esta receita contraria todas as regras para confecção de massa de torta: para produzir bons resultados ela necessita de bastante calor e um manuseio vigoroso. Use-a para preparar deliciosas bombas doces ou salgadas, profiteroles, beignets e éclairs.

**Tempo de preparo** cerca de 10 minutos
**Rendimento** 75 g

**75 g de farinha de trigo**
**uma pitada de sal**
**50 g de manteiga sem sal**
**150 ml de água ou água e leite em partes iguais**
**2 ovos grandes ligeiramente batidos**

1  Peneire a farinha e o sal em uma folha de papel-manteiga. Coloque a manteiga e a água em uma panela e aqueça em fogo baixo até a manteiga derreter, depois deixe ferver. Não deixe levantar fervura antes de a manteiga derreter.

2  Tire a panela do fogo e junte imediatamente a farinha de trigo, de uma só vez. Bata com uma colher de pau ou um mixer elétrico até formar uma bola homogênea de massa que desgrude da panela. Não bata demais nesse estágio, ou a massa ficará oleosa.

3  Deixe esfriar durante 2 minutos. Junte os ovos aos poucos, mexendo de forma vigorosa depois de cada adição, até obter uma massa lisa e brilhante que caia lentamente da colher. Use a massa imediatamente ou embrulhe-a em filme plástico e leve à geladeira até o momento de usar.

## NOÇÕES BÁSICAS

# Bolos

Não há quem não se sinta reconfortado com um pedaço de bolo, acompanhado de uma boa xícara de café ou chá. Doce e macio, ele preenche aquele pequeno intervalo entre as refeições, além de ficar especial quando feito em casa, fresquinho, com os melhores ingredientes.

### Como forrar fôrmas
Para forrar fôrmas de bolo use papel-manteiga e espalhe uniformemente manteiga derretida no fundo e nas laterais da fôrma antes de forrá-la. A maioria dos bolos precisa de uma fôrma totalmente forrada – o que significa fundo e laterais totalmente cobertos com papel –, outros precisam apenas que o fundo da fôrma seja coberto com papel.

### Fôrmas redondas fundas
Usando a própria fôrma como molde, desenhe um círculo no papel-manteiga e recorte. Corte tiras de papel um pouco mais altas que as laterais da fôrma, faça uma dobra de cerca de 1 cm e, com uma tesoura, faça pequenos cortes a intervalos pequenos para facilitar o ajuste da tira às laterais da fôrma. Espalhe uniformemente manteiga derretida nas laterais e no fundo da fôrma. Fixe bem o papel-manteiga que cobrirá as laterais. Depois, coloque o círculo de papel-manteiga que cobrirá o fundo da fôrma e passe manteiga derretida por todo o papel.

### Fôrmas redondas fundas
Desenhe e recorte círculos de papel-manteiga usando as fôrmas como molde. Unte e forre as bases com os círculos de papel-manteiga. Outra opção é untar as fôrmas, polvilhar um pouco de farinha e dar batidinhas nas laterais com as mãos para que a farinha possa aderir à gordura.

### Fôrmas quadradas
Para forrar fôrmas quadradas, use a mesma técnica das fôrmas redondas, mas depois de cortar as tiras, faça pequenos cortes nas partes que ficarão nos cantos da fôrma.

### Fôrmas de bolo inglês
Normalmente, usa-se apenas uma longa tira de papel para forrar o fundo e os lados maiores das fôrmas de bolo inglês, o que torna bastante fácil desenformá-lo. Caso seja necessário forrar toda a assadeira, coloque duas pequenas tiras de papel nas laterais menores.

### Fôrmas retangulares rasas e fundas
Recorte um retângulo de papel-manteiga que seja cerca de 8 cm maior que a fôrma em todos os lados. Coloque o papel sobre a fôrma untada e faça pequenos cortes nos cantos para que fique bem ajustado.

### Fôrmas de buraco
Passe manteiga derretida em toda a superfície interna da fôrma. Salpique um pouco de farinha e dê batidinhas nas laterais da fôrma com as mãos, para que a farinha possa aderir totalmente à gordura. Retire o excesso de farinha.

### Fôrmas descartáveis
Estas fôrmas são como as forminhas de muffin, só que em tamanho maior. Podem ser compradas para forrar fôrmas de bolo inglês ou redondas. Embora não sejam encontradas em tamanhos muito variados, são fáceis de usar e bastante convenientes quando é preciso transportar bolos para festas e comemorações. Quando removidas, estas fôrmas deixam ranhuras nas laterais do bolo.

## Métodos para fazer bolos

Há várias técnicas básicas para fazer bolos. Conhecer os diferentes processos é o primeiro passo para obter bons resultados.

### Base cremosa

O método usado para a elaboração de bolos cremosos é o método tradicional usado para bolos recheados e para pães-de-ló. Neste tipo de receita, a manteiga deve estar em temperatura ambiente e amolecida, para que adquira uma consistência cremosa e macia quando batida com o açúcar. A mistura de manteiga e açúcar estará no ponto quando adquirir uma coloração muito mais clara que a coloração da manteiga pura e uma consistência aerada. Essa mistura, neste estágio do processo, é freqüentemente descrita como "leve e fofa".

Os ovos batidos devem ser adicionados aos poucos. Se os ovos forem adicionados muito rapidamente, a mistura pode talhar, o que pode alterar a textura do bolo. Se isso acontecer, acrescente um pouco de farinha e misture. Por fim, acrescente o restante da farinha com uma colher de metal.

### Base aerada

O método empregado na elaboração de pães-de-ló tem por finalidade deixar a massa aerada e leve, sem para isso usar muita gordura. O volume do bolo é resultado do ar que fica preso na massa quando os ovos são batidos com o açúcar. Essa massa é mais delicada que a massa do bolo cremoso, por isso tenha cuidado durante o processo, para garantir que a massa fique aerada e leve.

Colocar a vasilha em banho-maria ajuda a acelerar o processo ao bater os ovos. Use farinha para estabilizar a massa. É importante incorporar a farinha delicadamente para não alterar a consistência espumante da massa.

### Base derretida

Este bolos usam um método rápido e fácil usado na elaboração de bolos como o tradicional gingerbread inglês, no qual a manteiga e o açúcar são derretidos juntos em uma panela antes de serem misturados aos ingredientes secos. Estes bolos têm uma consistência densa, mas úmida, e para fazê-los crescer é preciso usar fermento e bicarbonato de sódio. É muito importante colocar o bolo para assar tão logo os ingredientes sejam misturados, pois o fermento começa a agir logo que os ingredientes secos e molhados são misturados. Os bolos derretidos são duráveis e seu sabor e textura ficam ainda melhores se forem embrulhados e guardados por alguns dias antes de serem servidos.

### Base seca

Para a elaboração de muffins e pães de minuto doces, usa-se esta técnica parecida com o método usado para fazer biscoitos caseiros. Amassa-se a manteiga e a farinha com os dedos (às vezes com outros ingredientes secos, como a aveia) ou, se for mais conveniente, mistura-se esses ingredientes no processador antes de acrescentar os demais. Os bolos de massa mais dura são feitos com pouca manteiga e ficam secos rapidamente. Em geral, é melhor comê-los no dia em que são feitos.

## Técnicas básicas

Aqui estão algumas técnicas básicas que aparecem repetidamente nas receitas de bolo.

### Como amolecer a manteiga

Todos os bolos cremosos são feitos com manteiga amolecida. É mais fácil amolecer a manteiga no microondas, pois raramente nos lembramos de tirá-la da geladeira antes de usá-la em assados. Amoleça a manteiga em pequenas sessões, verificando-a a cada vez. A manteiga deve estar macia o bastante para que se possa pegá-la com os dedos, mas não derretida.

### Como derreter o chocolate

Ver pág. 56 para instruções de como derreter o chocolate. Caso esteja derretendo chocolate com outros ingredientes – manteiga, leite ou creme de leite, por exemplo –, preste atenção, pois o excesso de gordura costuma acelerar o processo de derretimento.

### Como misturar ingredientes

Farinhas, aromatizantes, manteiga derretida ou claras em neve devem ser delicadamente misturados às massas de bolos cremosos e de pães-de-ló, em vez de batidos. Acrescentar os ingredientes dessa forma ajuda a manter a mistura leve e aerada. Acrescente os ingredientes à mistura usando uma colher de metal, com movimentos leves. Continue misturando delicadamente, girando a vasilha com cuidado com a outra mão, para que os ingredientes possam incorporar-se igualmente à massa.

Quando acrescentar claras em neve à massa, coloque cerca de ¼ das claras e misture antes de acrescentar o restante. A primeira porção irá tornar a massa mais leve, principalmente se ela estiver muito densa, o que facilita misturar o restante das claras.

### Como nivelar a massa

Uma vez que uma mistura de bolo tenha sido colocada em uma fôrma, é necessário nivelá-la. Isso garante que as massas mais densas, como a de bolos frutados ou pães-de-ló, assem por igual e não escorram pelas bordas da assadeira, ou se acumulem em apenas um lado da fôrma. Use o dorso de uma colher de metal para nivelar a massa. Espalhe a massa do pão-de-ló por toda a assadeira, até os cantos, para que o ar da massa não escape. As massas menos densas, como bolo simples, massas líquidas e misturas derretidas, normalmente distribuem-se natural e igualmente por toda a assadeira.

### Como verificar se o bolo está assado

Tente não ser impaciente enquanto estiver esperando um bolo assar. Abrir a porta do forno várias vezes enquanto o bolo está assando, deixando entrar uma corrente de ar, pode fazer com que ele afunde no meio. Deve-se verificar se o bolo está assado apenas minutos antes de ele ser retirado do forno. Se ele estiver levemente mais alto no centro, corado e não afundar no meio quando tocado de leve com a mão, está no ponto de ser retirado. Pode-se verificar se os bolos frutados e outros bolos de massa mais densa estão assados inserindo-se um palito no centro. O palito deve sair limpo. Se ainda houver sinais de massa no palito, deixe o bolo assar por mais tempo.

As exceções a essa regra são os bolos úmidos de chocolate e os brownies. Os brownies costumam ficar bem moles por dentro, em razão da quantidade de açúcar, mas ficam mais firmes depois que esfriam.

### Como esfriar bolos em um suporte de metal

A maioria dos pães-de-ló deve ser desenformada tão logo seja retirada do forno. Com uma faca, raspe a lateral interna da assadeira para ajudar a desenformar, caso você não a tenha forrado. Retire o bolo cuidadosamente, pois a massa de pão-de-ló despedaça facilmente quando está quente. Bolos mais densos e frutados, no entanto, devem esfriar completamente na assadeira antes de serem desenformados.

**Como fazer cremes para cobertura**
Para rechear ou cobrir pães-de-ló use chantilly ou creme de leite batido e misture em uma vasilha com algum aromatizante, como licor, essência ou açúcar. Use um mixer ou um batedor de arame e bata vigorosamente a mistura, diminuindo aos poucos a velocidade, até que o creme comece a ficar grosso. O objetivo é que adquira uma consistência firme, formando picos moles. Lembre-se de que ele continuará a endurecer depois de colocado sobre o bolo.

**Como armazenar bolos**
O pão-de-ló, leve e macio, tem sabor definitivamente melhor no dia em que é feito, mas a massa não estraga se for armazenada por alguns dias – embora seja mais difícil fatiá-lo. Os bolos de massa mais densa adquirem sabor e textura muito melhores se armazenados por alguns dias antes de serem servidos, e os bolos de frutas adquirem um sabor mais apurado se forem armazenados por até mais de um mês. Se você guardar um bolo por um período, não remova o papel-manteiga, pois ele ajudará a manter a umidade do bolo. Guarde-o em um recipiente seco ou embrulhado em papel-alumínio, em um local fresco. Evite colocar os bolos na geladeira, a menos que esteja calor e você precise armazenar um bolo decorado com creme de leite fresco ou cream cheese. Massas de pão-de-ló com pouco recheio e bolos Madeira também podem ser mantidos na geladeira.

## Roscas
As roscas, apesar de também serem um quitute doce, são feitas por um método muito similar ao da elaboração dos pães salgados, mas demoram mais para crescer porque a massa é mais gordurosa. Para acelerar o processo, pode-se misturar previamente o fermento com um pouco de líquido morno e uma pitada de açúcar, deixando descansar por cerca de 10 minutos ou até que a mistura esteja espumante. Isso faz com que o fermento comece a agir e, então, é possível ver se está fresco – se a mistura não ficar espumante, não insista em usá-lo, compre outro fermento.

Amassar as roscas com as mãos em uma superfície de trabalho leva cerca de 10 minutos. Como alternativa, pode-se usar um equipamento elétrico – uma batedeira com uma pá adequada para massas acoplada é o ideal. Esse processo deve durar cerca de 4–5 minutos, e permite que você faça outras coisas nesse intervalo.

Verifique a consistência da massa: ela deve estar macia, mas não mole a ponto de grudar nas mãos ou nas bordas da vasilha. Se necessário, acrescente um pouco mais de farinha.

As roscas devem crescer duas vezes, uma na própria vasilha em que a massa foi feita e outra depois de enroladas. O primeiro estágio de crescimento pode ser acelerado no microondas. Use potência máxima durante 15 segundos (mais do que isso pode fazer com que a massa comece a cozinhar) e deixe descansar por 15 minutos. Repita a operação 2 ou 3 vezes.

**Como sovar a massa**
Depois que a massa tiver dobrado de tamanho, deve-se sová-la para que o ar se desprenda. Para isso, abaixe a massa com a mão fechada em punho e ela estará pronta para ser modelada ou enrolada antes de passar pelo segundo estágio de crescimento. Se enquanto estiver modelando a massa você perceber que ela está encolhendo, voltando ao tamanho inicial, cubra-a com um pano e deixe descansar por 10 minutos. Depois desse tempo, será mais fácil trabalhá-la.

**Como verificar se a rosca está assada**
Para verificar se a rosca está totalmente assada, dê batidinhas com os nós dos dedos em sua base – deve-se ouvir um som oco. Se não perceber esse ruído, leve a rosca de volta ao forno para que possa assar um pouco mais. As roscas são mais saborosas logo após assadas. Também podem ser congeladas para serem servidas depois. Neste caso, aqueça-as antes de servir.

# Coberturas básicas para bolos

Um bolo simples pode ser alçado a uma outra categoria com a ajuda de uma boa cobertura. O creme de manteiga combina bem com a maioria dos bolos, e pode ser enriquecido com vários sabores. Alguns rabiscos de glacê deixam qualquer bolo mais convidativo.

### Creme de manteiga

O bom creme de manteiga é muito macio e tem um sabor que não é excessivamente doce. Para uma alternativa de creme com sabor de café, dissolva 1 colher (sopa) de café solúvel em 2 colheres (chá) de água fervente e bata com o creme de manteiga.

**Tempo de preparo** 3 minutos
**Rendimento** suficiente para rechear e cobrir a parte de cima de um bolo de aproximadamente 18–20 cm de diâmetro, ou para cobri-lo por completo

**100 g de manteiga sem sal amolecida**
**150 g de açúcar de confeiteiro**

1. Bata a manteiga em uma vasilha com um pouco de açúcar, até formar um creme macio.
2. Adicione o restante do açúcar e bata até que o creme fique com uma coloração esbranquiçada e esteja bem fofo. Adicione algumas gotas de água fervente e bata por mais alguns minutos.

### Glacê

Na elaboração do glacê, o uso de suco de limão em substituição à água produz um sabor diferente, que ajuda a balancear a doçura do açúcar. O açúcar de confeiteiro normalmente é bem soltinho, mas caso ele esteja empedrado, peneire-o.

**Tempo de preparo** 2 minutos
**Rendimento** suficiente para cobrir a parte de cima de um bolo de 18–20 cm de diâmetro

**75 g de açúcar de confeiteiro**
**2 colheres (chá) de suco de limão taiti ou siciliano**

1. Coloque o açúcar em uma vasilha, depois de passá-lo por uma peneira para desempedrá-lo.
2. Adicione o suco e bata até obter uma mistura macia. Espalhe sobre o bolo morno ou frio (de acordo com as especificações da receita).

COBERTURAS BÁSICAS PARA BOLOS 55

### Glacê de cream cheese

Este glacê tem um sabor delicioso e é uma ótima opção para quem não gosta de coberturas muito doces. Experimente depois de batido e, se não estiver doce o bastante, adicione mais 25 g de açúcar. Experimente usar queijo mascarpone em vez de cream cheese. Caso a massa fique muito mole, deixe-a na geladeira por cerca de 1 hora.

**Tempo de preparo** 3 minutos
**Rendimento** suficiente para rechear e cobrir a parte de cima de um bolo de 18–20 cm de diâmetro ou para cobri-lo por completo

**200 g de cream cheese**
**1–2 colheres (chá) de suco de limão taiti ou siciliano**
**75 g de açúcar de confeiteiro**

1  Bata o cream cheese em uma vasilha até que esteja cremoso e fofo. Acrescente 1 colher (chá) de suco de limão, batendo sempre.
2  Adicione o açúcar e continue batendo até formar uma massa macia, adicionando um pouco mais de suco de limão se a massa ficar muito densa.

### Glacê de coco

Este glacê é perfeito para cobrir o Pão-de-ló da pág. 236, e também é ótimo para dar um sabor diferenciado ao Bolo Recheado Victoria – neste caso, pode-se dar um toque tropical ao bolo recheando-o com geléia de fruta tropical.

**Tempo de preparo** 5 minutos
**Tempo de cozimento** 2–3 minutos
**Rendimento** suficiente para cobrir por completo um bolo de 18–20 cm de diâmetro

**½ envelope de gelatina sem sabor**
**1 xícara de leite de coco**
**3 claras em neve**
**2 colheres (sopa) de açúcar**
**½ lata de creme de leite (sem soro)**
**75 g de coco fresco sem casca, ralado grosso**

1  Dissolva a gelatina em água e deixe em banho-maria por 5 minutos.
2  Bata os demais ingredientes em um liquidificador por cerca de 5 minutos. Coloque a gelatina dissolvida e bata por mais 2 minutos. Leve à geladeira por 2 horas.

# Chocolate

O chocolate é um de nossos alimentos preferidos, quer esteja presente num delicioso bolo, num saboroso pudim, num creme maravilhoso ou simplesmente numa barra. Divirta-se experimentando a incrível versatilidade do chocolate.

### Tipos de chocolate

Quando comprar chocolate amargo ou chocolate ao leite, lembre-se de que, quanto maior a proporção de sólidos de cacau, mais puro o sabor do chocolate. O chocolate amargo mais escuro contém 80% ou mais de sólidos de cacau e tem um sabor forte de chocolate. O chocolate meio amargo, ligeiramente mais doce, contém 60–70% de sólidos de cacau. Com sabor forte de chocolate e versátil, é ideal para as receitas deste livro. Ele derrete bem, tem uma textura acetinada e lisa e mantém todo o seu sabor.

O chocolate ao leite é bem mais doce que o chocolate amargo e é acrescido de leite, açúcar e aromatizantes, como a baunilha. Ele contém 20–30% de sólidos de cacau. O chocolate branco não contém sólidos de cacau. Ele é feito com manteiga de cacau (a gordura comestível que é extraída das sementes durante o processamento), leite, açúcar e aromatizantes.

O chocolate em pó, um subproduto do processamento do cacau, tem sabor forte e amargo. Ótimo para intensificar o sabor do chocolate, deve sempre ser cozido e necessita de adoçamento adicional.

Evite usar achocolatados ou chocolates de marcas desconhecidas em suas receitas – eles, em geral, contêm várias substâncias adoçantes, aromatizantes etc. e pouco chocolate de verdade.

### Como derreter o chocolate

**Em banho-maria**
Pique o chocolate em pedaços e ponha em um recipiente que possa ir ao fogo. Coloque o recipiente sobre uma panela com água fervente, certificando-se de que a base do recipiente não entre em contato com a água. Quando o chocolate começar a derreter, desligue o fogo e espere derreter completamente, mexendo uma ou duas vezes, até que não sobre nenhum pedacinho inteiro. É essencial que nenhuma gota de água respingue no recipiente enquanto o chocolate estiver derretendo – por exemplo, o vapor da panela –, porque fará com que o chocolate derretido se solidifique. Quando estiver despejando o chocolate derretido sobre papel para fazer decorações, enxugue a base do recipiente com um pano assim que tirá-lo do banho-maria, para que nenhuma gota de condensação caia no chocolate.

**No forno de microondas**
Utilize um recipiente refratário e derreta o chocolate em potência média por períodos de 1 minuto, verificando sempre nos intervalos.

**No forno comum**
Coloque o chocolate em um recipiente que possa ir ao fogo e aqueça em temperatura baixa, 110°C, verificando sempre. Outra alternativa é colocar o chocolate em um forno que foi desligado depois de ter sido utilizado para assar algum alimento.

### Como utilizar o chocolate

O chocolate pode ser utilizado ralado, em lascas, em esculturas ou derretido e modelado. Algumas técnicas levam minutos, enquanto outras mais criativas, como esculturas, exigem um pouco mais de paciência e planejamento. As decorações de chocolate conservam-se bem em locais frescos por até uma semana.

### Chocolate ralado

Espalhe chocolate amargo, ao leite ou branco ralados no ralo grosso sobre sobremesas cremosas, sorvetes e drinques gelados, para torná-los mais apetitosos. Se a barra de chocolate estiver muito dura e as lascas esfarelando em pedaços bem pequenos, aqueça-a rapidamente no microondas para amolecê-la um pouco.

### Rabiscos de chocolate

Forre uma bandeja com papel-manteiga. Encha um saco de confeitar de papel com um pouco de chocolate derretido e corte a pontinha. "Desenhe" rabiscos sobre

o papel – linhas curvas ou com padrão de filigrana – e deixe secar. Retire os rabiscos do papel e use-os para decorar sobremesas geladas. Não faça desenhos muito delicados, pois poderão se quebrar.

### Raspas de chocolate
Utilize um descascador de legumes para tirar lascas grossas de uma barra de chocolate e espalhe-as sobre cheesecakes, sorvetes, pudins, bolos e musses de chocolate. Quanto mais grossa a barra, maiores as raspas. Outra vez, se a barra estiver difícil de ser trabalhada, aqueça-a rapidamente no microondas antes de utilizá-la.

### Curvas de chocolate
Estas lascas curvas com ar profissional exigem um esforço maior, mas vale a pena fazê-las para sobremesas ou bolos especiais. Elas podem ser conservadas na geladeira por várias semanas, ou no congelador por um tempo maior. Espalhe o chocolate derretido em uma camada fina sobre pedra de mármore, ou sobre uma superfície limpa e plana, como a parte de baixo de uma assadeira. Deixe endurecer. Segurando uma faca em ângulo, deslize-a sobre o chocolate de modo que a lasca vá se enrolando. Se o chocolate estiver muito mole e não enrolar, coloque-o na geladeira por alguns minutos. Se ele estiver duro e quebradiço, deixe-o em temperatura ambiente por algum tempo antes de tentar novamente.

### Lâminas de chocolate
Para fazer lâminas mais elaboradas para bolos e sobremesas especiais, derreta 300 g de chocolate amargo ou branco com 25 g de manteiga sem sal. Coloque a mistura em um potinho retangular de 250 g de manteiga ou margarina e deixe até que esteja firme, mas não quebradiça. Remova da embalagem e corte em lâminas. Proteja a extremidade do bloco de chocolate com papel-alumínio para evitar que ele derreta com o calor de sua mão.

### Folhas de chocolate
Folhas firmes mas flexíveis, como folhas frescas de louro ou rosas, são as melhores para fazer decorações de chocolate em formato de folha para sobremesas de festas. Lave e seque bem as folhas e pincele-as ou coloque um pouco de chocolate sobre a parte de trás da folha. Deixe secar e retire cuidadosamente a folha.

### Fitas de chocolate
Corte tiras de papel-manteiga de 15 x 3 cm. Espalhe chocolate derretido sobre as tiras, chegando quase às extremidades. Disponha cerca de 6 colheres pequenas de madeira, canetas ou lápis, em fila e próximas umas das outras, sobre uma bandeja pequena. Arrume as tiras de chocolate sobre elas de modo que façam "ondas". Deixe secar e retire cuidadosamente o papel.

### Chocolate crocante
Espalhe chocolate derretido sobre uma bandeja ou uma folha de papel-manteiga. Se preferir, espalhe nozes e castanhas torradas bem picadas sobre o chocolate; deixe esfriar até que esteja realmente quebradiço, depois retire o papel e corte em pedaços. Coloque em sobremesas de chocolate e sobre bolos para ocasiões especiais.

### Formatos especiais
Use cortadores pequenos de biscoitos (encontrados em lojas especializadas) para fazer formatos para decorar bolos e sobremesas. Espalhe chocolate derretido sobre uma bandeja forrada com papel-manteiga. Deixe ficar firme e depois pressione os cortadores sobre o chocolate.

### Frutas cobertas com chocolate
Esta é uma grande idéia para frutas, como morangos e cerejas, ou para cobrir docinhos, trufas ou frutas secas. Mergulhe rapidamente a fruta no chocolate derretido, deixe escorrer o excesso e coloque sobre uma folha de papel-manteiga até secar.

# Receitas básicas de chocolate

Quase todas as pessoas gostam de uma boa cobertura de chocolate, e quanto mais escura e cremosa melhor. Sirva sobre frutas, decore sobremesas ou despeje generosamente sobre sorvete de creme. Para cobrir bolos, não há nada melhor que o ganache.

### Cobertura cremosa de chocolate

Esta cobertura fica perfeita com sorvete, frutas e pudins. Se for feita com antecedência, pode solidificar-se. Caso isso aconteça, reaqueça em fogo bem baixo para que ela não estrague.

**Tempo de preparo** 5 minutos
**Tempo de cozimento** 3 minutos
**Rendimento** 6 porções

125 g de açúcar
200 g de chocolate amargo picado
25 g de manteiga sem sal

1 Coloque o açúcar em uma panela pequena de fundo grosso com 125 ml de água. Aqueça em fogo baixo, mexendo sempre com uma colher de pau, até o açúcar dissolver completamente.
2 Ferva por 1 minuto e deixe esfriar por mais 1 minuto. Adicione o chocolate e a manteiga e espere até que ambos tenham derretido.
3 Mexa até que a mistura esteja lisa e acetinada, retornando ao fogo baixo se o chocolate não estiver completamente derretido.
4 A calda de chocolate está no ponto quando fica lisa e brilhante, formando uma camada no dorso da colher de pau.

## Ganache especial de chocolate

Ganache de chocolate soa um pouco exótico, mas é apenas uma mistura de chocolate e creme de leite, fácil de fazer e um dos mais úteis complementos para bolos de chocolate. Use-o como recheio ou cobertura, ou como base para trufas de chocolate.

**Tempo de preparo** 5 minutos, mais o tempo para esfriar
**Tempo de cozimento** 3 minutos
**Rendimento** suficiente para cobrir um bolo de chocolate de 20 cm de diâmetro

**300 ml de creme de leite fresco**
**300 g de chocolate amargo picado**

1 Aqueça o creme de leite em uma panela média de fundo grosso, até as bordas começarem a borbulhar. Retire do fogo e adicione o chocolate.
2 Deixe descansar por alguns minutos até o chocolate derreter, depois mexa bem e coloque a mistura em uma tigela.
3 Leve à geladeira por 15–45 minutos, ou até que a mistura mantenha sua forma quando mexida.

## Ganache de chocolate branco

O chocolate branco é mais sensível para cozinhar do que o amargo, por isso a técnica para fazer este ganache é um pouco diferente. Uma vez pronto, utilize-o exatamente como o outro.

**Tempo de preparo** 5 minutos, mais o tempo para esfriar
**Tempo de cozimento** 3 minutos
**Rendimento** suficiente para cobrir um bolo de chocolate de 20 cm de diâmetro

**300 ml de creme de leite fresco**
**300 g de chocolate branco picado**

1 Coloque metade do creme de leite em uma panela média de fundo grosso e aqueça em fogo baixo até começar a borbulhar nas bordas. Retire do fogo e adicione o chocolate, mexendo bem.
2 Deixe descansar por alguns minutos, ou até o chocolate derreter, depois mexa delicadamente e coloque em uma tigela. Leve à geladeira por cerca de 15 minutos, ou até que esteja frio.
3 Adicione o creme de leite restante à tigela e bata com uma batedeira até que o ganache comece a firmar. Não bata demais, senão ele começará a separar.

# ENTRADAS

# Sopa de pimentão com torradinhas de queijo de cabra

Para um melhor resultado, escolha pimentões "pontudos", que são mais saborosos que os arredondados. Refogá-los ligeiramente com cebola também ajuda a intensificar o sabor da sopa.

**Tempo de preparo** 15 minutos
**Tempo de cozimento** 45 minutos
**Rendimento** 6 porções

4 colheres (sopa) de azeite, mais um pouco para regar
2 cebolas roxas cortadas em rodelas
5 pimentões vermelhos sem sementes e grosseiramente picados
2 colheres (chá) de açúcar refinado
2 dentes de alho picados
2 colheres (sopa) de orégano fresco picado, mais algumas folhas para decorar
900 ml de Caldo de Galinha ou Legumes (ver págs. 18–19)
1 lata (400 g) de tomate sem pele picado
2 colheres (sopa) de tomate seco em pasta
6 fatias finas de baguete
150 g de queijo de cabra cortado em seis fatias
sal e pimenta-do-reino

1 Aqueça 4 colheres (sopa) do azeite em uma panela grande. Junte as cebolas e os pimentões e refogue ligeiramente, mexendo sempre, por 10 minutos. Acrescente o açúcar, o alho e o orégano e frite por mais 5–10 minutos, ou até o pimentão ficar macio.

2 Junte o caldo de galinha ou legumes, o tomate picado e o tomate seco em pasta; tempere a gosto com sal e pimenta-do-reino e espere ferver. Abaixe o fogo para o mínimo e cozinhe por 20 minutos.

3 Bata a sopa com um mixer até ficar homogênea. Ou então, bata-a, aos poucos, em um liquidificador ou processador de alimentos.

4 Torre as fatias de pão de um lado. Vire-as e coloque uma fatia de queijo sobre cada uma. Leve ao forno por mais 2–3 minutos, até o queijo começar a dourar.

5 Aqueça a sopa e distribua nos pratos ou nas tigelas preaquecidas. Coloque uma torrada no centro de cada prato, regue com um pouco de azeite e decore com folhas de orégano.

# Sopa cremosa de abóbora com harissa

Esta sopa cremosa e aveludada é guarnecida com harissa, uma pasta de temperos do norte da África que dá um toque picante ao prato. Decore os pratos com uma colherada e sirva o restante à parte, para os fãs de molhos picantes.

**Tempo de preparo** 25 minutos
**Tempo de cozimento** 35 minutos
**Rendimento** 6 porções

1 kg de abóbora
4 colheres (sopa) de azeite
2 cebolas picadas
2 dentes de alho amassados
1 L de Caldo de Legumes (ver pág. 19)
100 ml de creme de leite, sem o soro
sal e pimenta-do-reino
coentro picado para salpicar
1 receita de Molho Harissa Picante (ver pág. 130) para acompanhar

1. Retire as sementes da abóbora e descasque-a. Corte em cubos grandes. Aqueça o azeite em uma panela grande de fundo grosso e refogue a cebola em fogo baixo por 5 minutos. Junte o alho e frite por mais 1 minuto.

2. Acrescente a abóbora, o caldo de legumes e espere ferver. Abaixe o fogo, tampe e cozinhe por 20–25 minutos, ou até a abóbora começar a desmanchar.

3. Bata a sopa com um mixer até ficar homogênea. Ou então, bata-a, aos poucos, em um liquidificador ou processador de alimentos.

4. Coloque de volta na panela, junte metade do creme de leite e tempere a gosto com sal e pimenta-do-reino. Aqueça ligeiramente.

5. Distribua a sopa nos pratos ou nas tigelas preaquecidas e coloque uma colherada de molho harissa em cada um. Sirva regado com um pouco do creme de leite restante.

# Caldo de carne com macarrão

A base desta sopa é um caldo bem saboroso – você pode aproveitar qualquer sobra que tiver guardada, até mesmo se for de caldo de galinha. Para fatiar a carne, use uma faca bem afiada e corte no sentido contrário às fibras para as fatias ficarem macias e suculentas.

**Tempo de preparo** 15 minutos
**Tempo de cozimento** 10 minutos
**Rendimento** 2 porções

**1 peça de contrafilé ou filé-mignon com 300 g**
**15 g de gengibre fresco ralado**
**2 colheres (chá) de shoyu**
**50 g de bifum***
**600 ml de Caldo de Carne ou Galinha (ver pág. 18)**
**1 pimenta vermelha fresca, sem sementes, bem picada**
**1 dente de alho cortado em fatias finas**
**2 colheres (chá) de açúcar refinado**
**2 colheres (chá) de óleo**
**75 g de ervilha fresca na vagem ou ervilha-torta, cortadas ao meio no sentido do comprimento**
**um punhado de manjericão roxo picado**

1. Retire a gordura da carne. Misture o gengibre com 1 colher (chá) do shoyu e esfregue bem essa mistura nos dois lados da carne. Cozinhe o macarrão de acordo com as instruções da embalagem. Escorra e enxágüe bem em água fria.

2. Em uma panela grande de fundo grosso, aqueça o caldo de carne ou galinha com a pimenta, o alho e o açúcar. Tampe a panela e deixe cozinhar em fogo baixo por 5 minutos.

3. Enquanto isso, aqueça o óleo em uma frigideira pequena de fundo grosso e frite a carne por 2 minutos de cada lado. Coloque a carne em uma tábua e corte-a pela metade, no sentido do comprimento. Em seguida, corte em fatias bem finas, no sentido oposto ao das fibras.

4. Coloque o macarrão, a ervilha, o manjericão e o restante do shoyu na panela com o caldo e aqueça em fogo baixo por 1 minuto. Junte a carne, mexa e sirva imediatamente.

*N.T.: Macarrão feito de arroz à venda em casas de produtos orientais e alguns supermercados; para esta receita, use também o vermicelli.

**ENTRADAS**

# Minestrone

Há muitas variações regionais do minestrone, e esta receita procura harmonizar elementos de todas elas. Você pode usar legumes e verduras de sua preferência. Também fica bom quando reaquecido no dia seguinte.

**Tempo de preparo** 20 minutos
**Tempo de cozimento** 1 hora e 30 minutos
**Rendimento** 6 porções

2 colheres (sopa) de azeite, mais um pouco para regar
1 cebola picada
3 cenouras picadas
3 talos de salsão picados
2 dentes de alho bem picados
400 g feijão branco cozido, sem o caldo
1 lata (400 g) de tomate italiano sem pele, ou 6 tomates maduros sem pele (ver pág. 17), picados
150 g de ervilha ou fava
1 batata grande cortada em cubinhos
2 abobrinhas italianas cortadas em cubinhos
1,5 L de Caldo de Galinha ou Legumes (ver págs. 18–19)
150 g de cavolo nero* ou espinafre cortado em fatias finas
75 g de massa curta seca para sopa
sal e pimenta-do-reino

Para servir
**queijo parmesão ou pecorino ralado**
**molho pesto caseiro ou industrializado**

1  Aqueça o azeite em uma panela grande de fundo grosso e refogue a cebola, a cenoura e o salsão em fogo baixo por 5 minutos. Junte o alho e refogue por mais 2 minutos.

2  Acrescente o feijão, o tomate, a ervilha ou fava, a batata, a abobrinha e o caldo de galinha ou legumes. Assim que ferver, tampe e deixe cozinhar em fogo baixo por cerca de 1 hora, ou até que todos os ingredientes estejam macios.

3  Junte o cavolo nero ou espinafre.

4  Coloque o macarrão e mexa delicadamente. Tampe e cozinhe por mais 10 minutos, ou até que o macarrão esteja cozido. Acerte o tempero. Com uma concha, distribua a sopa nos pratos, regue com um pouco de azeite e sirva com o queijo ralado e o molho pesto.

*N.T.: Verdura de folhas verde-escuras, estreitas e enrugadas, ingrediente típico da culinária italiana.

# Clam chowder

Caldeirada de mariscos com carne de porco salgada e creme de leite fresco, este prato típico dos países de língua inglesa possui muitas versões. Pode ser servido de entrada ou, em porções maiores, como prato principal.

**Tempo de preparo** 20 minutos
**Tempo de cozimento** 35 minutos
**Rendimento** 4 porções

1 kg de mariscos limpos (ver pág. 39)
200 g de carne de porco salgada bem picada
1 cebola grande picada
15 g de manteiga
1 colher (sopa) de farinha de trigo
4 tomates sem pele (ver pág. 17) picados
350 g de batatas cortadas em cubinhos
2 folhas de louro
3 colheres (sopa) de salsinha picada
2 colheres (chá) de molho Tabasco
150 ml de creme de leite fresco magro*

1. Ferva 150 ml de água em uma panela. Adicione os mariscos, tampe e cozinhe por 4–5 minutos, ou até que as conchas se abram. Escorra, reservando o caldo dos mariscos, e descarte aqueles que não se abriram. Retire-os das conchas e pique bem.

2. Coloque a carne de porco e a cebola em uma frigideira grande e frite com um pouco da manteiga por 10 minutos, ou até dourar. Acrescente a manteiga restante e espere derreter. Adicione a farinha e deixe cozinhar por 1 minuto, mexendo sempre.

3. Aqueça o caldo dos mariscos, 450 ml de água, o tomate, a batata e as folhas de louro em uma panela. Assim que ferver, abaixe o fogo, tampe e cozinhe por 15 minutos, ou até que as batatas estejam macias.

4. Junte os mariscos e a salsinha e deixe cozinhar por mais 2 minutos. Acrescente o molho Tabasco e o creme de leite, aqueça novamente e sirva.

*N.T.: Deixe o creme de leite na geladeira e, ao usar, reserve a nata grossa que se formar na superfície para usar em outras receitas.

ENTRADAS 67

# Camarões com sanduíches de erva-doce

Mergulhados em um molho à base de manteiga, alho e temperos leves, estes potinhos de camarões frescos, acompanhados do pão sírio recheado de erva-doce, são uma excelente entrada, que pode ser feita com antecedência.

**Tempo de preparo** 20 minutos, mais o tempo para esfriar
**Tempo de cozimento** 15 minutos
**Rendimento** 4 porções

**200 g de manteiga**
**1 bulbo pequeno de erva-doce bem picado**
**1 colher (chá) de raspas de limão**
**1 colher (chá) de sementes de erva-doce trituradas**
**4 pães sírios pequenos**
**350 g de camarões sem casca**
**1 dente de alho amassado**
**uma pitada generosa de páprica**
**¼ de colher (chá) de macis\* moído**
**sal e pimenta-do-reino**

1  Derreta 15 g da manteiga em uma frigideira e frite o bulbo de erva-doce em fogo baixo por 5 minutos, ou até ficar macio. Acrescente as raspas de limão, as sementes de erva-doce e tempere com sal e pimenta-do-reino. Abra os pães sírios de um dos lados e coloque a mistura de erva-doce dentro. Achate-os bem com as mãos.

2  Derreta mais 25 g da manteiga em uma frigideira grande e frite os camarões por cerca de 2 minutos, virando-os uma vez, até ficarem rosados de ambos os lados (frite em pequenas porções, se necessário). Leve todos os camarões de volta à panela e adicione o alho, a páprica e o macis.

3  Transfira os camarões para 4 tigelas individuais de 125 ml. Derreta a manteiga restante em uma panela pequena, retirando a espuma da superfície, se houver. Com uma colher, despeje a manteiga sobre os camarões para que fiquem parcialmente cobertos. Cubra e leve à geladeira por 2 horas, ou até que a manteiga tenha firmado.

4  Aqueça uma panela para grelhar e torre os pães sírios levemente de ambos os lados. Corte-os ao meio e sirva com os camarões.

\*N.T.: Pó feito do arilo que recobre a noz-moscada, tem sabor mais suave – caso não encontre, substitua por noz-moscada, de preferência ralada na hora.

## Vieiras com aspargos e bacon crocante

Vieiras salteadas na gordura do bacon e acompanhadas de aspargos – uma combinação simples que rende uma receita muito especial de frutos do mar.

**Tempo de preparo** 15 minutos
**Tempo de cozimento** 25 minutos
**Rendimento** 4 porções

½ alho-poró pequeno
300 g de aspargos
50 g de manteiga
2 colheres (sopa) de creme de leite fresco
75 g de bacon defumado, fatiado bem fino
12 vieiras sem as conchas (ver pág. 39)
sal e pimenta-do-reino
4 colheres (sopa) de cerefólio ou salsinha para servir

1 Fatie a parte branca do alho-poró. Descarte as extremidades mais duras dos talos dos aspargos e corte-os em pedaços de 5 cm. Derreta 15 g da manteiga em uma frigideira e frite o alho-poró em fogo baixo por 5 minutos, ou até ficar macio. Acrescente os aspargos, tampe e cozinhe em fogo baixo por 6–7 minutos, ou até ficarem macios.

2 Transfira a mistura para um liquidificador ou processador de alimentos e bata até obter uma mistura homogênea. Incorpore o creme de leite e transfira para uma panela pequena.

3 Corte as fatias de bacon ao meio, no sentido do comprimento, e depois em tiras menores. Frite em uma frigideira até ficarem douradas e crocantes. Escorra e mantenha quente.

4 Aqueça o purê de aspargos em fogo baixo enquanto cozinha as vieiras. Coloque as vieiras na frigideira quente em que fritou o bacon, polvilhe com sal e pimenta-do-reino e cozinhe por 2–3 minutos de cada lado.

5 Com uma colher, coloque o purê nos pratos e disponha as vieiras com o bacon por cima. Derreta o restante da manteiga na mesma frigideira e despeje sobre as vieiras. Sirva polvilhado com cerefólio ou salsinha.

# Tortinhas de salmonete com molho vierge

A combinação de salmonete, tomates e ervas coloridas realmente impressiona nestas tortinhas.

**Tempo de preparo** 25 minutos
**Tempo de cozimento** 30 minutos
**Rendimento** 6 porções

8 filés de salmonete
100 ml de azeite extravirgem
1 colher (chá) de sementes de coentro moídas
15 g de ervas frescas (como salsinha, manjericão e cebolinha-francesa), bem picadas
2 dentes de alho amassados
raspas da casca e suco de 1 limão
400 g de massa folhada (ver pág. 48), descongelada
1 gema para pincelar
350 g de tomates-cereja cortados ao meio
sal e pimenta-do-reino

1. Tempere os filés de salmonete. Aqueça 2 colheres (sopa) do azeite em uma frigideira grande e frite os filés rapidamente de ambos os lados. Corte-os em pedaços grandes.

2. Em uma tigela pequena, junte o coentro, as ervas, o alho, as raspas da casca e o suco de limão, o restante do azeite, sal e pimenta. Despeje a mistura em uma panela pequena e deixe pronta para aquecer.

3. Abra a massa folhada em uma superfície levemente enfarinhada e corte 6 círculos de 12 cm de diâmetro cada, usando um cortador ou uma tigela pequena. Coloque os círculos em uma fôrma ligeiramente untada e use uma faca afiada para fazer um corte, não muito profundo, a 1 cm da borda de cada círculo. Pincele as extremidades com a gema. Asse em um forno preaquecido, a 220°C, por 15 minutos, ou até que a massa cresça e fique dourada. Retire o centro que crescer de cada tortinha.

4. Preencha as cavidades com os tomates e o peixe e leve de volta ao forno por mais 10 minutos. Enquanto isso, reaqueça o molho. Transfira as tortinhas para pratos individuais e despeje o molho sobre elas.

## Tortinhas crocantes de pato

Estas tortas individuais têm um sabor tipicamente oriental, em parte por causa do molho hoisin, ingrediente presente em muitos pratos do sudeste asiático.

**Tempo de preparo** 45 minutos, mais o tempo para esfriar
**Tempo de cozimento** 55 minutos
**Rendimento** 6 porções

375 g de massa folhada (ver pág. 48), descongelada

ovos batidos ou leite, para pincelar

2 jogos de coxa e sobrecoxa de pato

6 colheres (sopa) de crème fraîche*

8 colheres (sopa) de molho hoisin**

6 cebolinhas verdes cortadas em rodelas finas

½ pepino cortado em palitinhos

15 g de folhas de coentro

1. Abra a massa em uma superfície enfarinhada e corte-a em seis quadrados de 10 cm. Faça dois cortes em forma de L em dois cantos opostos a uma distância de 2,5 cm da borda, deixando dois cantos intactos. Pincele as bordas da massa com água.

2. Levante um dos cantos cortados e leve-o sobre a massa até o lado oposto. Repita a operação do outro lado para formar uma espécie de caixa. Pincele as bordas da massa com ovo ou leite e fure a base com um garfo. Coloque em uma assadeira levemente untada com óleo e leve à geladeira.

3. Enquanto isso, fure a pele do pato com um garfo e coloque em um suporte de metal apoiado sobre uma assadeira, para que a gordura possa escorrer. Asse em um forno preaquecido, a 200°C, por 30 minutos. Deixe esfriar, descarte o osso e a pele e corte a carne em tiras. Mantenha o forno ligado.

4. Coloque a carne em uma tigela com o crème fraîche e o molho hoisin, misture bem e divida entre as bases das tortas. Asse por 25 minutos, até que a massa tenha crescido e esteja dourada por cima.

5. Misture a cebolinha, o pepino e o coentro e coloque por cima das tortinhas antes de servir. Sirva quente ou frio.

*N.T.: Especialidade francesa, é um tipo de creme de leite fermentado. Procure em casas de produtos importados, ou substitua por uma mistura de 4 partes de creme de leite fresco para cada parte de iogurte natural.

**N.T.: Vendido também com o nome de Pekin Sauce, é um molho espesso, de coloração marrom-avermelhada, feito de soja fermentada e temperos – procure em casas de produtos orientais.

ENTRADAS 71

# Tortinhas picantes de siri

Estas delicadas tortinhas são recheadas com uma combinação maravilhosa de sabores orientais. São muito fáceis de fazer e podem ser servidas como canapés em festas e jantares.

**Tempo de preparo** 10–12 minutos, mais o tempo para esfriar
**Tempo de cozimento** 10–12 minutos
**Rendimento** 12 tortinhas

**375 g de massa podre (ver pág. 46), descongelada**
**125 g de carne de siri cozida**
**1 tomate maduro sem pele (ver pág. 17), sem semente, picado**
**1 dente de alho pequeno amassado**
**2 colheres (sopa) de folhas de coentro picadas**
**¼–½ colher (chá) de pimenta-de-caiena**
**4 colheres (sopa) de maionese**
**algumas gotas de suco de limão**
**sal e pimenta-do-reino**

1. Em uma superfície enfarinhada, abra a massa com um rolo em uma espessura fina e corte 12 discos de 6 cm de diâmetro com um cortador apropriado. Forre com eles 12 forminhas de empada, fure a base com um garfo e leve à geladeira por 15 minutos. Asse em um forno preaquecido, a 200°C, por 10–12 minutos, até corar levemente. Deixe esfriar.

2. Retire os pedaços de cartilagem que possam ter ficado na carne de siri.

3. Junte o tomate, o alho, o coentro, a pimenta-de-caiena e a maionese à carne de siri. Pingue algumas gotas de suco de limão e tempere com sal e pimenta-do-reino a gosto.

4. Recheie as bases das tortinhas e sirva.

# Salada de arenque marinado com feijão branco

Esta é uma ótima receita para um lanche rápido ou para um prato de entrada. Com arenques submersos em uma marinada bem temperada que ajuda a conservar o peixe, pode ser armazenada na geladeira por até 3 dias.

**Tempo de preparo** 10 minutos, mais o tempo para esfriar
**Tempo de cozimento** 3 minutos
**Rendimento** 4 porções

4 arenques, grossos e frescos, cortados em filés
200 ml de vinagre de maçã
2 colheres (chá) de sal grosso
4 colheres (sopa) de açúcar refinado
1 colher (chá) de sementes de coentro trituradas
1 colher (chá) de sementes de mostarda trituradas
uma pitada de pimenta-da-jamaica em pó
2 folhas de louro
2 cebolas bem miúdas ou 4 bulbos de cebolinha, picados
400 g de feijão branco cozido, sem o caldo (enxágüe bem se for em lata)
4 colheres (sopa) de salsinha picada
1 colher (sopa) de hortelã picada
pão rústico para acompanhar

1. Corte cada filé de arenque ao meio e espalhe-os em um recipiente raso não-metálico.
2. Coloque o vinagre, o sal, o açúcar, os condimentos e as folhas de louro em uma panela e deixe ferver, mexendo até o açúcar dissolver.
3. Despeje sobre o peixe e deixe esfriar por completo.
4. Acrescente a cebola ou cebolinha, o feijão, a salsinha e a hortelã. Tampe e leve à geladeira por até 3 dias. Sirva com pão rústico para aproveitar bem o caldo.

# Solha recheada com chouriço e tomates

O chouriço rende um recheio maravilhoso para esse peixe branco, dando-lhe um toque mediterrâneo. Qualquer peixe achatado pequeno também pode ser utilizado.

**Tempo de preparo** 20 minutos
**Tempo de cozimento** 25 minutos
**Rendimento** 4 porções

100 g de chouriço
50 g de farinha de rosca
2 colheres (sopa) de tomate seco em pasta
5 colheres (sopa) de azeite
8 filés grandes de solha sem a pele
8 tomates pequenos e maduros ou 4 tomates grandes, cortados ao meio
ramos de tomilho
um pouco de vinho branco
sal e pimenta-do-reino

1. Corte o chouriço em pedaços e bata em um processador de alimentos até ficar bem picado. Acrescente a farinha de rosca, o tomate seco em pasta e 1 colher (sopa) do azeite e bata até ficar bem misturado.

2. Coloque os filés de solha, com o lado em que a pele foi retirada voltado para cima, sobre uma superfície de trabalho. Cubra cada filé com uma camada fina da mistura de chouriço.

3. Começando pela parte mais grossa, enrole os filés.

4. Coloque os rolinhos em um refratário grande e raso e espalhe os tomates e o tomilho em volta dos filés. Regue com o azeite restante e com o vinho e tempere com um pouco de sal e pimenta-do-reino.

5. Asse em um forno preaquecido, a 200°C, por 20–25 minutos, ou até ficar bem cozido.

**ENTRADAS** 75

# Fritatta de frango, cogumelo e pappardelle

Este prato cremoso com queijo parece mais uma torta – é ideal para ser cortado em fatias e servido acompanhado de uma salada.

**Tempo de preparo** 20 minutos
**Tempo de cozimento** 40 minutos
**Rendimento** 4 porções

150 g de pappardelle seco ou outra massa de fitas largas
2 peitos de frango sem pele (cerca de 300 g) cortado em tiras finas
25 g de manteiga
1 colher (sopa) de azeite
200 g de cogumelos frescos pequenos e fatiados
6 ovos
150 ml de creme de leite em lata, sem o soro
75 g de queijo parmesão ralado
3 colheres (sopa) de estragão picado
2 colheres (sopa) de salsinha picada
sal e pimenta-do-reino

1  Cozinhe a massa por 6–8 minutos, até ficar *al dente*. Escorra e coloque de volta na panela. Tempere o frango com um pouco de sal e pimenta-do-reino. Derreta a manteiga com o azeite em uma frigideira de fundo grosso e refogue o frango por 5 minutos, ou até que esteja bem cozido. Retire da frigideira com uma escumadeira e reserve. Refogue o cogumelo por 5 minutos, ou até o líquido evaporar.

2  Bata os ovos com o creme de leite e metade do parmesão.

3  Misture o frango, os cogumelos e as ervas ao macarrão e transfira para uma frigideira que possa ir ao forno.

4  Despeje a mistura de ovos por cima e aqueça em fogo baixo por alguns minutos, até começar a firmar. Polvilhe com o parmesão restante e leve a um forno preaquecido, a 180°C, por 15–20 minutos, ou até que esteja quase firme.

5  Retire do forno e deixe esfriar um pouco antes de servir.

# Ravióli de salmão defumado com molho cremoso de endro

O wasabi japonês é bem picante e mais perfumado que a raiz-forte – mas você pode escolher qual dos dois prefere usar nesta receita.

**Tempo de preparo** 50 minutos, mais o tempo para descansar
**Tempo de cozimento** 15 minutos
**Rendimento** 6 porções

175 g de salmão defumado

1½ colher (chá) de pasta de wasabi ou raiz-forte

75 g de ricota

1 receita de massa fresca (ver pág. 24)

150 ml de caldo de peixe

150 ml de vinho branco

150 ml de creme de leite em lata, sem o soro

4 colheres (sopa) de endro bem picado

sal e pimenta-do-reino

1 Pique o salmão em pedaços bem pequenos, transfira para uma tigela e junte a pasta de wasabi ou raiz-forte e a ricota. Mexa até obter uma mistura homogênea.

2 Use a receita de massa fresca e a pasta de salmão para montar os raviólis, seguindo as instruções da página 26. Deixe secar por 30 minutos antes de cozinhar.

3 Misture o caldo de peixe e o vinho em uma panela e leve ao fogo. Assim que levantar fervura, cozinhe em fogo alto por 10 minutos, ou até reduzir o líquido a 100 ml. Enquanto isso, leve ao fogo uma panela grande com água e sal e, assim que ferver, divida o ravióli em 2 ou 3 partes e cozinhe cada uma por 4–5 minutos, ou até que esteja *al dente*.

4 Junte o creme de leite e o endro à redução de vinho e aqueça; desligue assim que começar a ferver. Tempere a gosto com sal e pimenta-do-reino. Transfira o ravióli já escorrido para pratos preaquecidos e sirva regado com o molho.

ENTRADAS 77

## Patê de fígado de frango e ervas

O fígado de frango fica maravilhoso em patês – cozinha rápido e tem uma consistência cremosa e homogênea. Selados com uma camada de manteiga, esses patês podem ficar por vários dias na geladeira.

**Tempo de preparo** 10 minutos, mais o tempo para esfriar
**Tempo de cozimento** 10 minutos
**Rendimento** 5–6 porções

500 g de fígado de frango
125 g de manteiga amolecida
1 cebola picada
2 colheres (sopa) de xerez doce ou vinho Marsala
3 cebolinhas em conserva, escorridas e bem picadas
1 colher (sopa) de alcaparras, escorridas e bem picadas (enxágüe bem se forem conservadas em sal)
2 colheres (chá) de endro picado
sal e pimenta-do-reino

1. Lave os fígados de frango, escorra bem e seque com toalha de papel.

2. Derreta 50 g da manteiga em uma frigideira grande até começar a borbulhar. Coloque a cebola e frite em fogo baixo até amolecer. Acrescente o fígado e frite por cerca de 10 minutos, mexendo bem, até que esteja completamente cozido.

3. Adicione o xerez doce ou o vinho Marsala.

4. Transfira para um processador de alimentos ou liquidificador e bata até obter um creme homogêneo, raspando as laterais do recipiente com uma espátula, se necessário. Adicione a cebolinha em conserva, as alcaparras e o endro; tempere a gosto com sal e pimenta-do-reino e bata.

5. Coloque o patê em recipientes individuais ou em uma vasilha grande própria para patês e nivele a superfície. Derreta a manteiga restante e despeje sobre o patê. Tampe e leve à geladeira por pelo menos 2 horas antes de servir com torradas.

## Terrina de carne de porco e pimentão

A colorida mistura de carne, pimentão e ervas regadas com um delicioso molho rende uma ótima entrada. Sirva com salada de folhas mistas e pão quentinho.

**Tempo de preparo** 30 minutos, mais o tempo para esfriar
**Tempo de cozimento** 1 hora e 30 minutos
**Rendimento** 6–8 porções

1 colher (sopa) de óleo
1 kg de paleta de porco em uma peça só
1 taça de vinho branco
3 pimentões vermelhos, sem sementes, cortados em quatro
75 g de lombinho defumado bem picado
25 g de folhas de salsinha bem picadas
15 g de coentro bem picado
75 g de pinholes torrados
2 colheres (chá) de molho Tabasco
300 ml de caldo gelificado de carne de vitela (ver pág. 18)
sal e pimenta-do-reino

1. Aqueça o óleo em uma assadeira e doure a carne de porco de todos os lados. Regue com o vinho e cubra com papel-alumínio. Asse em um forno preaquecido, a 180ºC, por 1 hora. Acrescente os pimentões e o lombinho e asse, sem cobrir, por mais 30 minutos, até que a carne esteja totalmente cozida. Escorra a carne e os pimentões, reservando o suco em uma tigela; deixe esfriar.

2. Corte a carne em pedaços, retirando o excesso de gordura. Use um processador de alimentos para picá-la finamente. Pique um pouco de cada vez. Coloque tudo em uma tigela. Pique os pimentões em pedaços pequenos.

3. Junte os pimentões, o lombinho, a salsinha, o coentro, os pinholes e o molho Tabasco à carne e misture bem. Tempere com sal e pimenta-do-reino e transfira para uma travessa.

4. Retire a camada de gordura do suco da carne e despeje-o em uma panela junto com o caldo de carne de vitela. Reaqueça em fogo baixo até ficar líquido. Deixe esfriar, mas não gelificar, e regue a carne com esse suco. Cubra e leve à geladeira por várias horas ou de um dia para outro.

# ARROZ E MASSAS

## Linguine com presunto e ovos

Como diversas outras receitas de massas, esta receita fica pronta em minutos e é muito fácil criar novas variações – basta substituir o presunto por outros frios picados, ou acrescentar uma pequena quantidade de temperos, como alcaparras ou ervas.

**Tempo de preparo** 5 minutos
**Tempo de cozimento** 10 minutos
**Rendimento** 2 porções

- 3 colheres (sopa) de salsinha picada (não use a variedade crespa)
- 1 colher (sopa) de molho de mostarda granulada
- 2 colheres (chá) de suco de limão siciliano
- uma pitada generosa de açúcar refinado
- 3 colheres (sopa) de azeite
- 100 g de presunto
- 2 ramos de cebolinha
- 2 ovos
- 125 g de linguine seco
- sal e pimenta-do-reino

1. Ferva água com sal para o macarrão em uma panela grande. Enquanto isso, misture a salsinha, o molho de mostarda, o suco de limão, o açúcar, o azeite e um pouco de sal e pimenta-do-reino.
2. Faça um rolinho com as fatias de presunto e pique em tiras finas.
3. Corte a cebolinha em tiras finas, no sentido do comprimento, e depois em pedaços de 5 cm.
4. Coloque os ovos em uma panela e acrescente água fria até cobri-los. Leve ao fogo e, depois que ferver, deixe cozinhar por 4 minutos (quando os ovos começarem a se mexer na panela, comece a contar o tempo).
5. Coloque o macarrão na água e, assim que levantar fervura, cozinhe por 6–8 minutos, ou até que esteja cozido. Junte a cebolinha e deixe cozinhar por mais 30 segundos.
6. Escorra o macarrão e ponha de volta na panela. Junte o presunto e o molho, misture e transfira para pratos previamente aquecidos. Descasque os ovos, corte ao meio e coloque um em cada prato, sobre o macarrão.

ARROZ E MASSAS 83

# Espaguete à carbonara

No carbonara, é o calor do espaguete recém-escorrido que cozinha ligeiramente o molho cremoso de gemas. Este prato fica pronto num instante, então tenha todos os ingredientes à mão antes de começar.

**Tempo de preparo** 10 minutos
**Tempo de cozimento** 5 minutos
**Rendimento** 4 porções

**4 gemas**
**2 ovos**
**150 ml de creme de leite fresco**
**50 g de queijo parmesão ralado**
**2 colheres (sopa) de azeite**
**100 g de panceta ou bacon em fatias cortados em tiras finas**
**2 dentes de alho amassados**
**400 g de espaguete fresco**
**sal e pimenta-do-reino**

1. Bata junto as gemas, os ovos inteiros, o creme de leite, o queijo e bastante pimenta-do-reino.

2. Aqueça o azeite em uma frigideira grande e frite a panceta (ou o bacon) por 3–4 minutos, ou até ficar dourada e crocante. Junte o alho e deixe cozinhar por mais 1 minuto.

3. Enquanto isso, ferva água com sal em uma panela grande, junte o espaguete e cozinhe por 2 minutos, ou até que esteja macio.

4. Escorra e transfira imediatamente para a frigideira. Desligue o fogo e junte o molho de gemas, mexendo, até que os ovos estejam ligeiramente cozidos. Sirva imediatamente. Se o calor da massa não for suficiente para cozinhar o molho de gemas, acenda o fogo e aqueça rapidamente, mexendo sem parar.

# Lasanha de queijo de cabra e pimentão

As lasanhas vegetarianas podem ser tão saborosas quanto as que levam carne. Este molho cremoso de queijo de cabra contrasta bem com o sabor picante dos pimentões.

**Tempo de preparo** 30 minutos, mais o tempo para ficar de molho e esfriar
**Tempo de cozimento** 1 hora
**Rendimento** 4–5 porções

50 g de funghi porcini seco
225 g de espinafre
4 colheres (sopa) de azeite
1 cebola grande cortada em rodelas
2 pimentões vermelhos sem sementes e grosseiramente picados
3 dentes de alho fatiados
2 latas (ou 800 g) de tomates sem pele picados
4 colheres (sopa) de tomate seco em pasta
2 colheres (sopa) de orégano fresco picado
300 g de queijo de cabra cremoso
1 receita de Molho Bechamel (ver pág. 20)
200 g de massa pré-cozida para lasanha
50 g de miolo de pão esmigalhado
sal e pimenta-do-reino

1. Coloque os funghi de molho em 200 ml de água fervente. Refogue o espinafre em fogo baixo, em uma panela tampada, até murchar. Aqueça 2 colheres (sopa) do azeite em uma panela e refogue a cebola e os pimentões por 5 minutos. Junte o alho, o tomate, o tomate seco em pasta, o orégano, o espinafre, o funghi e o líquido em que ficou de molho, o sal e a pimenta-do-reino. Depois que levantar fervura, cozinhe em fogo baixo por 10 minutos.

2. Incorpore o queijo de cabra ao molho bechamel. Coloque ¼ do molho de tomate em um refratário retangular raso e espalhe para formar uma camada. Espalhe ¼ do molho bechamel por cima.

3. Com ⅓ da massa, faça uma camada, seguindo as instruções da embalagem quanto ao espaçamento.

4. Repita o procedimento até terminar, finalizando com uma camada de molho bechamel. Misture o pão esfarelado com o restante do azeite e espalhe por cima da lasanha. Leve a um forno preaquecido, a 190°C, por 45 minutos, ou até gratinar.

# Macarrão com ervas ao molho de linguado

Nesta receita, ervas aromáticas são prensadas entre duas folhas finíssimas de massa caseira criando um efeito encantador de marca-d'água.

**Tempo de preparo** 45 minutos, mais o tempo para secar
**Tempo de cozimento** 10 minutos
**Rendimento** 4 porções

1 receita de massa fresca (ver pág. 24)

cerca de 15 g (dois punhados) de folhas de ervas frescas variadas (como manjericão, estragão, cerefólio ou salsinha)

100 g de manteiga

2 filés grandes (900 g) de linguado sem pele cortados em cubinhos

2 colheres (sopa) de alcaparras conservadas em sal

1 colher (sopa) de suco de limão siciliano

sal e pimenta-do-reino

1. Forre duas bandejas com panos de prato ou toalhas de papel enfarinhados. Abra a massa, bem fina, na máquina ou com um rolo de macarrão (ver pág. 25). Umedeça uma folha de massa com um pouco de água e arrume as folhinhas de ervas sobre ela.

2. Coloque uma folha de massa por cima e pressione delicadamente. Faça o mesmo com as folhas restantes.

3. Passe as folhas pela máquina novamente, ou abra com o rolo, até que as ervas possam ser vistas claramente sob a massa.

4. Corte em tiras de 2,5 cm de largura. Deixe secar nas bandejas por 30 minutos.

5. Ferva água com sal para o macarrão em uma panela grande. Derreta metade da manteiga em uma frigideira. Tempere o peixe com sal e pimenta-do-reino e refogue por 3–4 minutos. Junte as alcaparras.

6. Cozinhe a massa em água fervente por 2 minutos, ou até que esteja cozida. Escorra, coloque de volta na panela e misture com o peixe e as alcaparras. Disponha em pratos aquecidos. Derreta a manteiga restante na frigideira e junte o suco de limão. Tempere a gosto e despeje sobre a massa.

ARROZ E MASSAS 87

# Atum grelhado com vermicelli

De todas as massas longas, o vermicelli – ou linguini – é uma das que têm os fios mais finos.

**Tempo de preparo** 10 minutos, mais o tempo para marinar
**Tempo de cozimento** 10 minutos
**Rendimento** 4 porções

100 ml de azeite
2 dentes de alho amassados
raspas bem finas e suco de 1 limão
1 pedaço de atum fresco e limpo com 500 g
um maço de cebolinha picada
4 colheres (sopa) de endro, ou funcho, picado
2 colheres (sopa) de molho de mostarda granulada
2 colheres (chá) de açúcar
4 colheres (sopa) de creme de leite fresco
200 g de vermicelli
sal e pimenta-do-reino
gomos de limão para servir

1. Misture 1 colher (sopa) do azeite com o alho, as raspas e o suco de limão e bastante pimenta-do-reino. Coloque o atum em um recipiente, regue com a marinada e cubra com filme plástico. Leve à geladeira por 30 minutos.

2. Aqueça 2 colheres (sopa) do azeite em uma frigideira e refogue a cebolinha por 1 minuto. Retire com uma escumadeira. Coloque o atum na frigideira e sele todos os lados até que esteja bem dourado por fora, mas rosado por dentro. Isso levará cerca de 10 minutos (para testar, corte uma fatia da beirada – o centro deve estar rosado).

3. Enquanto isso, ferva água com sal para o macarrão em uma panela grande. Misture o azeite restante com as folhas de endro ou erva-doce, o molho de mostarda, o açúcar e o creme de leite.

4. Coloque a massa na água fervente e cozinhe por 3 minutos, ou até ficar macia. Escorra e coloque de volta na panela. Junte metade do molho e a cebolinha, mexa bem e transfira para pratos aquecidos.

5. Fatie finamente o atum e coloque por cima. Regue com o molho restante e sirva com gomos de limão.

# Assado picante de lingüiça

Prepare este prato rápido e fácil com as lingüiças mais bem temperadas que encontrar. Seu sabor envolverá todos os outros ingredientes durante o cozimento.

**Tempo de preparo** 15 minutos
**Tempo de cozimento** 45 minutos
**Rendimento** 4 porções

450 g de lingüiça bem temperada cortada em rodelas grossas
2 colheres (sopa) de azeite
1 cebola roxa grande fatiada
2 latas (ou 800 g) de tomate sem pele picado
2 colheres (sopa) de orégano fresco picado
400 g de feijão vermelho ou jalo cozido, sem o caldo
200 g de macarrão parafuso seco
175 g de queijo fontina ralado
sal e pimenta-do-reino

1. Aqueça o azeite em uma frigideira grande de fundo grosso e frite a lingüiça e a cebola por cerca de 10 minutos, até dourar, mexendo de vez em quando para não queimar.
2. Junte o tomate, o orégano e o feijão. Reduza o fogo para o mínimo possível e cozinhe por 10 minutos.
3. Enquanto isso, cozinhe o macarrão em bastante água fervente com sal por cerca de 10 minutos, até ficar *al dente*. Escorra e transfira para a frigideira com a lingüiça.
4. Junte metade do queijo e misture bem.
5. Coloque em um refratário raso e polvilhe com o queijo restante. Leve a um forno preaquecido, a 200°C, por 20–25 minutos, ou até que o queijo esteja derretido e dourado.

# Talharim de funghi com gremolata

Gremolata é uma mistura de ervas, raspas de limão e alho. Ela é usada neste prato para dar um toque estimulante e aromático.

**Tempo de preparo** 30 minutos, mais o tempo para secar
**Tempo de cozimento** 10 minutos
**Rendimento** 4 porções

1 receita de massa fresca sabor funghi (ver pág. 25)
15 g de funghi porcini seco
50 g de manteiga
4 colheres (sopa) de azeite
1 cebola pequena bem picada
200 g de cogumelos frescos pequenos, cortados em fatias finas
4 colheres (sopa) de ervas picadas (como salsinha, estragão, erva-doce ou manjericão)
raspas bem finas de 1 limão
2 dentes de alho bem picados
sal e pimenta-do-reino
queijo parmesão ralado para servir (opcional)

1. Use a massa de funghi para cortar o talharim (ver pág. 26). Deixe secar. Coloque o funghi seco em uma tigela, cubra com água fervente e deixe de molho por 15 minutos. Derreta a manteiga com 1 colher (sopa) do azeite em uma frigideira e frite a cebola por 3 minutos, até ficar macia. Escorra os funghi e corte em fatias bem finas.

2. Acrescente os funghi à frigideira, junto do cogumelo fresco e de ¼ das ervas. Refogue em fogo baixo por 5 minutos. Misture as ervas restantes com as raspas de limão, o alho e bastante pimenta-do-reino.

3. Ferva água com sal em uma panela. Junte o talharim e, assim que ferver, cozinhe por cerca de 2 minutos, ou até ficar *al dente*.

4. Escorra e coloque de volta na panela. Adicione o refogado da frigideira e o azeite restante e misture bem. Transfira para pratos previamente aquecidos e sirva com a gremolata e o queijo parmesão, se estiver usando.

ARROZ E MASSAS

# Talharim com bolinhas picantes

Estas bolinhas de grão-de-bico são bem temperadas e picantes – reduza os temperos pela metade para um sabor mais suave. Elas podem ser feitas com antecedência e guardadas na geladeira.

**Tempo de preparo** 30 minutos, mais o tempo para deixar de molho
**Tempo de cozimento** 40 minutos
**Rendimento** 4 porções

300 g de grão-de-bico

1 cebola grosseiramente picada

25 g (½ xícara) de miolo de pão esmigalhado

2 dentes de alho picados

1 colher (sopa) de sementes de cominho trituradas

¾ colher (chá) de pimenta calabresa em flocos

raminhos de hortelã

1 ovo

8 colheres (sopa) de azeite aromatizado com limão siciliano

25 g de manteiga

200 g de talharim seco

200 g de pimentão vermelho assado, sem pele e sementes, cortado em tiras finas

4 colheres (sopa) de coentro picado

sal e pimenta-do-reino

1. Coloque o grão-de-bico em um recipiente e deixe de molho de um dia para outro. Escorra e coloque em uma panela. Cubra com água fria, ferva e cozinhe por cerca de 45 minutos, ou até ficar macio. Escorra. Coloque o grão-de-bico em um processador de alimentos com a cebola, o pão, o alho, as sementes de cominho, a pimenta calabresa, a hortelã, o ovo, o sal e a pimenta; bata até obter uma massa lisa.

2. Molde bolinhas de 2,5 cm de diâmetro, apertando bem.

3. Ferva água com sal em uma panela grande para cozinhar o macarrão. Aqueça metade do azeite e a manteiga em uma frigideira grande. Coloque as bolinhas e frite, mexendo, por cerca de 5 minutos, até dourar.

4. Junte o macarrão à água e, assim que ferver novamente, cozinhe por cerca de 10 minutos, ou até ficar *al dente*. Escorra e coloque de volta na panela. Adicione o pimentão, o coentro, as bolinhas fritas e o azeite restante; misture com cuidado e sirva.

# Nhoque com fava fresca e parmesão

Este nhoque é feito com batata, cortado no formato tradicional e servido com favas frescas e bacon crocante.

**Tempo de preparo** 10 minutos
**Tempo de cozimento** 15 minutos
**Rendimento** 4–6 porções

1 receita de Nhoque (ver pág. 27)
50 g de manteiga, mais um pouco para untar
200 g de favas frescas bem tenras
2 colheres (sopa) de azeite
75 g de bacon defumado, ou panceta, cortado em cubinhos
40 g de queijo parmesão ralado
sal e pimenta-do-reino

1. Prepare, molde e cozinhe os nhoques. Depois de escorridos, coloque-os em um refratário raso (ou 4–6 pratos individuais) ligeiramente untado com manteiga.

2. Escalde as favas em água fervente por 2 minutos. Escorra bem e distribua sobre os nhoques e entre eles.

3. Em uma frigideira, derreta a manteiga e o azeite; junte o bacon (ou a panceta) e frite até que esteja crocante e dourado. Espalhe sobre os nhoques e regue com a mistura de azeite e manteiga que ficou na panela.

4. Tempere a gosto com sal e pimenta-do-reino, salpique com o queijo ralado e leve a um forno preaquecido, a 200°C, por 10–15 minutos, ou até que esteja aquecido.

# Canelone de berinjela

Embora seja um pouco trabalhoso, vale a pena preparar este prato que combina um recheio cremoso de ricota com berinjelas grelhadas levemente caramelizadas.

**Tempo de preparo** 30 minutos
**Tempo de cozimento** 50 minutos
**Rendimento** 4 porções

1 receita de Molho de Tomates Assados (ver pág. 23)
4 folhas de massa de lasanha, fresca ou seca, com cerca de 18 x 15 cm
2 berinjelas médias cortadas em rodelas finas
4 colheres (sopa) de azeite
1 colher (chá) de tomilho bem picado
250 g de ricota
25 g de folhas de manjericão rasgadas
2 dentes de alho amassados
100 g de queijo fontina ou gruyère ralado
sal e pimenta-do-reino

1. Faça a receita de Molho de Tomates Assados. Ferva água com sal em uma panela grande. Coloque a massa de lasanha e, assim que ferver, cozinhe por 2 minutos, se for fresca, ou 8–10 minutos, se for seca. Escorra e mergulhe as folhas em água fria. Arrume as rodelas de berinjela em uma única camada sobre uma grelha forrada com papel-alumínio (talvez seja necessário assar em duas etapas). Misture o azeite com tomilho, sal e pimenta-do-reino e use para pincelar a berinjela. Asse em forno bem quente até dourar, virando uma vez.

2. Bata a ricota com o manjericão, o alho e um pouco de sal e pimenta-do-reino.

3. Escorra bem as folhas de massa e estenda-as sobre uma superfície limpa. Corte cada uma ao meio. Espalhe uma camada de pasta de ricota sobre toda a massa. Coloque as rodelas de berinjela por cima. Enrole para formar os canelones.

4. Espalhe ⅔ do molho de tomate em um refratário raso e arrume os canelones por cima. Regue com o molho restante e polvilhe com o queijo. Leve a um forno preaquecido, a 190°C, por 20 minutos, ou até que o queijo esteja dourado.

# Ravióli de abóbora

O recheio deste ravióli é delicioso, mas muito úmido e cremoso. Por isso, não é uma boa idéia prepará-lo com muita antecedência – a massa pode ficar mole e grudenta.

**Tempo de preparo** 40 minutos, mais o tempo para secar
**Tempo de cozimento** 50 minutos
**Rendimento** 4 porções

450 g de abóbora japonesa, de pescoço ou moranga, sem casca e sementes, em pedaços pequenos
3 colheres (sopa) de azeite
½ cebola pequena bem picada
1 dente de alho amassado
25 g de biscoitos amaretti triturados
50 g de cream cheese
noz-moscada ralada na hora
1 receita de massa fresca (ver pág. 24)
farinha de trigo para polvilhar
75 g de manteiga
1 colher (chá) de alecrim bem picado
2 colheres (sopa) de salsinha picada
raspas bem finas de 1 limão siciliano e 1 colher (sopa) do suco
sal e pimenta-do-reino

1 Coloque a abóbora em uma assadeira pequena e regue com metade do azeite. Leve a um forno preaquecido, a 200°C, por 30–40 minutos, até ficar macia.

2 Aqueça o azeite restante em uma frigideira e refogue a cebola até ficar macia. Junte o alho e frite por mais 1 minuto. Transfira a abóbora assada para uma tigela e amasse com um garfo. Acrescente a cebola, o alho, os biscoitos, o cream cheese e bastante noz-moscada e bata (você pode fazer isso no processador de alimentos, se preferir). Acerte o tempero.

3 Forre duas bandejas com panos de prato ou toalhas de papel enfarinhados. Abra a massa na máquina, ou com um rolo de macarrão (ver pág. 25). Use a pasta de abóbora como recheio e molde os raviólis, conforme explicado na pág. 26. Deixe secar nas bandejas por 30 minutos antes de cozinhar.

4 Derreta a manteiga em uma panela e junte as ervas, as raspas e o suco de limão e pimenta-do-reino. Ferva água com sal para o macarrão em uma panela grande. Cozinhe os raviólis, em duas etapas, por 3–5 minutos. Escorra bem e coloque em pratos previamente aquecidos. Regue com a manteiga de ervas e sirva.

# Parafuso integral com tofu, abóbora e ervilha-torta

As massas integrais têm mais textura, são mais saborosas e coloridas. Para variar a receita, substitua o tofu por tirinhas de peito de frango.

**Tempo de preparo** 15 minutos
**Tempo de cozimento** 15 minutos
**Rendimento** 2 porções

250 g de tofu
2 colheres (sopa) de óleo
3 dentes de alho amassados
1 pimenta vermelha fresca, sem sementes, picada
1 maço de cebolinha, cortada na diagonal em pedaços de 1,5 cm
100 g de ervilha-torta cortada em três na diagonal
300 g de abóbora descascada, sem sementes, cortada em palitos de 5 cm x 0,5 cm
150 g de macarrão integral

Molho
½ colher (chá) de amido de milho
4 colheres (sopa) de saquê mirin
1 colher (sopa) de açúcar refinado
1 colher (sopa) de missô
2 colheres (sopa) de óleo de gergelim torrado
2 colheres (sopa) de shoyu light

1 Prepare o molho misturando o amido de milho com 1 colher (sopa) de água em uma tigela pequena. Incorpore o saquê, o açúcar, o missô, o óleo de gergelim e o shoyu. Leve ao fogo uma panela grande com água e um pouco de sal para cozinhar o macarrão. Escorra o tofu e seque bem com toalha de papel. Corte em cubinhos.

2 Aqueça o óleo em uma frigideira ou wok. Junte o alho e a pimenta e refogue por 15 segundos. Acrescente o tofu, a cebolinha, a ervilha e a abóbora e refogue em fogo alto, mexendo sempre, por 8–10 minutos, ou até os legumes ficarem *al dente*.

3 Enquanto isso, cozinhe o macarrão por cerca de 10 minutos, ou até que fique cozido. Escorra bem e junte à panela com os legumes e o tofu.

4 Mexa o molho, despeje sobre o macarrão e cozinhe por 1 minuto, mexendo para misturar bem, até que esteja aquecido.

ARROZ E MASSAS 97

# Arancini

Estes bolinhos são feitos de arroz italiano temperado com manjericão e recheado com mozarela – são crocantes por fora e derretem por dentro. Sirva de entrada com uma carne grelhada de porco ou carneiro.

**Tempo de preparo** 30 minutos, mais o tempo para esfriar
**Tempo de cozimento** 45 minutos
**Rendimento** 4 porções

50 g de manteiga
1 cebola bem picada
2 dentes de alho amassados
250 g de arroz para risoto
1 taça pequena de vinho branco
600 ml de Caldo de Galinha ou Legumes aquecido (ver págs. 18–19)
½ colher (chá) de pistilos de açafrão
50 g de queijo parmesão ralado
25 g de folhas de manjericão finamente rasgadas
150 g de mozarela, cortada em cubinhos de 1 cm
75 g de farinha de rosca grossa
óleo para fritar

1. Derreta a manteiga em uma panela grande de fundo grosso. Frite a cebola por 5 minutos, ou até ficar macia. Junte o alho e o arroz e cozinhe, mexendo, por 1 minuto.

2. Despeje o vinho e deixe ferver até que tenha evaporado. Junte o caldo aquecido e os pistilos de açafrão e espere ferver. Abaixe o fogo e cozinhe, com a panela destampada, até que o caldo seja absorvido e os grãos estejam macios (acrescente um pouco de água fervente caso o caldo seque antes de o arroz estar cozido). Transfira o risoto para uma tigela, junte o parmesão e o manjericão e espere esfriar completamente.

3. Com uma colher de sobremesa, pegue porções do risoto e forme bolinhas, inserindo um cubinho de mozarela no meio de cada uma – feche bem para que o queijo não vaze na hora de fritar. Passe ligeiramente pela farinha de rosca.

4. Aqueça o óleo (uma camada de pelo menos 5 cm de profundidade) em uma panela ou fritadeira com um palito de fósforo dentro – quando acender, estará no ponto. Frite os arancini em etapas, por 4–5 minutos, ou até que estejam crocantes e dourados. Escorra em toalha de papel e mantenha-os aquecidos enquanto frita o restante.

## Kipper kedgeree

O kedgeree é um prato típico da Índia preparado com arroz, ovos e algum peixe defumado – geralmente o hadoque. É também um prato tradicional no brunch inglês.

**Tempo de preparo** 15 minutos
**Tempo de cozimento** 15 minutos
**Rendimento** 4 porções

250 g de arroz tipo basmati

4 ovos

625 g de arenque, ou salmão, defumado

2 colheres (chá) de sementes de erva-doce

8 bagas de cardamomo

65 g de manteiga

1 cebola bem picada

1 colher (chá) de cúrcuma em pó

1 canela em pau

4 colheres (sopa) de salsinha picada

sal e pimenta-do-reino

gomos de limão taiti ou siciliano para acompanhar

1. Cozinhe o arroz em água fervente por cerca de 10 minutos, ou até ficar bem macio. Coloque os ovos em uma outra panela, cubra com água fervente e leve ao fogo. Cozinhe em fogo baixo por 5 minutos. Escorra o arroz e os ovos. Enquanto isso, coloque o arenque (ou salmão) em uma frigideira, cubra com água quente e cozinhe em fogo baixo por 5 minutos. Escorra.

2. Quando o peixe estiver frio o suficiente para ser manuseado, desfie-o em pedaços não muito pequenos, descartando espinhas e pele, se houver. Descasque os ovos cozidos e corte-os em quatro.

3. Utilize um pilão para amassar as sementes de erva-doce e os cardamomos. Retire a casquinha dos cardamomos, deixando apenas as sementes.

4. Derreta a manteiga em uma frigideira e frite, em fogo baixo, a cebola com a erva-doce, os cardamomos, a cúrcuma e a canela por 5 minutos. Junte o arroz, o peixe, os ovos e a salsinha e tempere a gosto com sal e pimenta-do-reino. Sirva com gomos de limão.

ARROZ E MASSAS 99

# Tamboril com risoto de açafrão

O tamboril, também conhecido como peixe-sapo, é uma ótima escolha para risotos. Consistente e suculento, pode ser acrescentado ao arroz cremoso sem se desmanchar.

**Tempo de preparo** 25 minutos
**Tempo de cozimento** 25 minutos
**Rendimento** 3–4 porções

**500 g de tamboril sem espinhas**
**50 g de manteiga**
**1 cebola picada**
**2 dentes de alho amassados**
**250 g de arroz para risoto**
**1 taça de vinho branco seco**
**1 colher (chá) de pistilos de açafrão**
**2 colheres (chá) de tomilho-limão\*, mais um pouco para servir**
**1 L de Caldo de Peixe aquecido (ver pág. 19)**
**sal e pimenta-do-reino**
**queijo parmesão ralado para servir**

1. Corte o tamboril em pedaços e tempere com um pouco de sal e pimenta-do-reino. Derreta metade da manteiga em uma panela grande de fundo grosso e frite a cebola até ficar macia, mas não muito dourada. Acrescente o peixe e cozinhe, mexendo sempre, por 2 minutos. Retire o peixe com uma escumadeira e adicione o alho. Frite por 1 minuto.

2. Junte o arroz e frite em fogo baixo por 1 minuto. Acrescente o vinho e ferva até evaporar quase por completo.

3. Adicione o açafrão, o tomilho e uma concha do caldo de peixe e cozinhe, mexendo até que o arroz tenha absorvido o caldo. Adicione o restante do caldo, uma concha por vez, cozinhando o arroz e mexendo até que o caldo seja absorvido por completo a cada adição.

4. Depois de aproximadamente 20 minutos, verifique a consistência do arroz. Deve estar cremoso e macio, mas firme no centro (você talvez não precise de todo o caldo). Verifique o tempero e adicione o peixe. Aqueça bem e sirva imediatamente, polvilhado com parmesão e tomilho picado.

\*N.T.: Se não encontrar, use tomilho comum e um pouco de raspas de limão.

ARROZ E MASSAS 101

# Sushi

Esta versão simplificada de sushi é bem similar em sabor, mas leva metade do tempo para ser feita. Você pode usar qualquer mistura de peixe se tiver certeza de que é absolutamente fresco.

**Tempo de preparo** 30 minutos, mais o tempo para esfriar
**Tempo de cozimento** 15 minutos
**Rendimento** 4–6 porções

225 g de arroz japonês para sushi
4 cebolinhas verdes cortadas em tiras bem finas
4 colheres (sopa) de vinagre de arroz para sushi
1 colher (sopa) de açúcar refinado
25 g de gengibre em conserva cortado em tiras bem finas
1 colher (sopa) de sementes de gergelim torradas
100 g de salmão selvagem
1 filé de linguado grande
3–4 folhas de nori para sushi
10 camarões cozidos, sem a casca
shoyu light para acompanhar

1 Coloque o arroz em uma panela de fundo grosso com 450 ml de água. Aqueça lentamente até ferver, depois cozinhe em fogo baixo, com a panela parcialmente tampada, por 5–8 minutos, ou até que a água seja absorvida. Tampe bem e cozinhe por mais 5 minutos, ou até o arroz ficar bem macio e grudento. Transfira para uma tigela e deixe esfriar.

2 Junte a cebolinha, o vinagre, o açúcar, o gengibre e as sementes de gergelim ao arroz. Corte o salmão e o linguado em pequenas tiras.

3 Com uma tesoura, corte as folhas de nori em quadrados de 6 cm. Molhe as mãos e molde o arroz em pequenos croquetes. Disponha-os na diagonal sobre os quadrados de nori.

4 Pressione as pontas das folhas de nori para que grudem na lateral do arroz e coloque um pedaço de salmão, linguado ou camarão por cima. Transfira para pratos e sirva acompanhado de uma tigela pequena com shoyu.

# Moluscos à moda da Malásia

Esta é uma receita asiática composta por frutos do mar e noodles cobertos por um apimentado caldo de coco. Esta versão rende um excelente jantar, ou você pode servir porções menores como entrada, para estimular o apetite.

**Tempo de preparo** 20 minutos
**Tempo de cozimento** 15 minutos
**Rendimento** 4 porções

1 pimenta vermelha, sem sementes, cortada em rodelas
1 talo de capim-limão cortado em fatias bem finas
1 cebola grosseiramente picada
50 g de raiz de gengibre fresca, sem casca, grosseiramente picada
50 g de amendoim torrado sem sal
4 colheres (chá) de nam pla*
3 colheres (sopa) de óleo de amendoim ou azeite de sabor suave
8 vieiras sem as conchas (ver pág. 39), cortadas ao meio, se muito grandes
½ colher (chá) de cúrcuma em pó
600 ml de Caldo de Peixe (ver pág. 19)
400 ml de leite de coco
150 g de macarrão tipo noodles
200 g de camarões crus sem a casca
150 g de carne de caranguejo
150 g de broto de feijão
15 g de coentro fresco picado

1. Em um liquidificador ou processador de alimentos, bata a pimenta, o capim-limão, a cebola, o gengibre, o amendoim e o nam pla até obter uma pasta grossa.

2. Aqueça o óleo ou azeite em uma panela grande de fundo grosso e frite as vieiras até ficarem douradas de todos os lados. Retire-as com uma escumadeira.

3. Despeje a mistura na panela e frite levemente, mexendo sempre, por 5 minutos. Adicione a cúrcuma, o caldo de peixe e o leite de coco e aqueça em fogo baixo até ferver.

4. Cozinhe os noodles em uma outra panela até ficarem macios, seguindo as instruções da embalagem.

5. Enquanto isso, acrescente os camarões e as vieiras ao caldo e deixe cozinhar em fogo baixo por 3 minutos, ou até que os camarões fiquem rosados. Junte a carne de caranguejo, o broto de feijão e o coentro e cozinhe por 1 minuto. Escorra os noodles, transfira-os para tigelinhas individuais, cubra com o caldo e sirva.

*N.T.: Molho à base de peixe fermentado, típico da culinária tailandesa, pode ser encontrado em casas de produtos orientais.

## ARROZ E MASSAS

# Pilaf de arroz integral com frutas secas

O arroz integral do tipo vermelho tem uma textura mais resistente e um sabor amendoado. Se não encontrá-lo, use a variedade agulhinha, também integral.

**Tempo de preparo** 25 minutos
**Tempo de cozimento** cerca de 50 minutos
**Rendimento** 4 porções

50 g de arroz selvagem
10 bagas de cardamomo
2 colheres (chá) de sementes de cominho
2 colheres (chá) de sementes de erva-doce
4 colheres (sopa) de azeite
25 g de amêndoa em lascas
2 cebolas roxas cortadas em rodelas finas
1 colher (chá) de açúcar refinado
½ colher (chá) de cúrcuma em pó
2 dentes de alho cortados em fatias finas
250 g de arroz integral do tipo vermelho
600 ml de Caldo de Legumes (ver pág. 19)
25 g de gengibre fresco ralado
6 colheres (sopa) de salsinha picada
75 g de damasco seco cortado em tiras finas
250 g de ricota
sal e pimenta-do-reino

1. Ferva água com um pouco de sal em uma panela grande. Junte o arroz selvagem e cozinhe por 25–30 minutos, até ficar macio. Triture os cardamomos em um pilão para liberar as sementinhas escuras de sua casquinha. Descarte as casquinhas, junte o cominho e as sementes de erva-doce ao pilão e triture grosseiramente.

2. Aqueça metade do azeite em uma frigideira e frite as amêndoas até que estejam douradas. Escorra. Junte o azeite restante, as cebolas e o açúcar e frite por 5 minutos, até dourar. Separe metade desse refogado e frite o restante até ficar crocante. Escorra em toalha de papel.

3. Coloque a cebola reservada de volta na panela com os temperos triturados, a cúrcuma e o alho e frite por 1 minuto. Junte o arroz integral e o caldo de legumes e espere ferver. Tampe e cozinhe, em fogo baixo, por 25–30 minutos, até ficar macio.

4. Acrescente o arroz selvagem, o gengibre, a salsinha e os damascos e tempere com sal e pimenta-do-reino. Junte a ricota e misture delicadamente. Sirva salpicado com as amêndoas e o refogado crocante de cebola.

# Molho de vôngoles

Conchinhas delicadas misturadas a um molho de tomate saboroso – este é o macarrão ao vôngole, prato clássico do sul da Itália. Sirva com linguine ou espaguete, fresco ou seco.

**Tempo de preparo** 20 minutos
**Tempo de cozimento** 20 minutos
**Rendimento** 4 porções

1 kg de vôngoles miúdos, nas conchas

150 ml de vinho branco seco

4 colheres (sopa) de azeite

1 cebola pequena bem picada

3 dentes de alho amassados

2 latas (ou 800 g) de tomate sem pele picado

1 colher (chá) de açúcar refinado

2 folhas de louro

um punhado pequeno de folhas de salsinha picada (não usar a variedade crespa)

raspas bem finas da casca e suco de ½ limão siciliano

sal e pimenta-do-reino

1 Limpe as conchas dos vôngoles e descarte as quebradas e as abertas que não fecharem quando você der uma leve batida com a faca. Leve o vinho ao fogo em uma panela grande de fundo grosso. Quando ferver, acrescente os vôngoles, tampe bem e cozinhe por 3–4 minutos, mexendo a panela de vez em quando, até as conchas abrirem.

2 Escorra os vôngoles e reserve o caldo; descarte as conchas que não se abriram e retire metade dos vôngoles de suas conchas, descartando-as.

3 Aqueça o azeite na panela limpa. Junte a cebola e refogue em fogo baixo por 5 minutos. Acrescente o alho e deixe fritar por mais 1 minuto. Adicione o tomate, o açúcar, as folhas de louro e o caldo do cozimento dos vôngoles. Assim que ferver, abaixe o fogo e cozinhe por cerca de 10 minutos, até que o molho esteja encorpado e saboroso.

4 Junte os vôngoles, com e sem as conchas, a salsinha, as raspas e o suco de limão. Aqueça por 1 minuto. Tempere com sal e pimenta-do-reino e sirva.

ARROZ E MASSAS 105

# Molho puttanesca

Este molho de tomate italiano leva temperos com sabores fortes – azeitonas pretas, anchova e pimenta. Encorpado e bastante aromático, fica excelente com quase todos os tipos de massa.

**Tempo de preparo** 15 minutos
**Tempo de cozimento** 15 minutos
**Rendimento** 4 porções

4 colheres (sopa) de azeite
1 cebola bem picada
3 dentes de alho amassados
1 pimenta vermelha fresca pequena, sem sementes, bem picada
6 filés de anchova picados
2 latas (ou 800 g) de tomates sem pele picados
½ colher (chá) de açúcar refinado
75 g de azeitonas pretas sem caroço bem picadas
um punhado de folhas de manjericão
2 colheres (sopa) de alcaparras, escorridas (enxágüe bem se forem conservadas em sal)
sal
queijo parmesão ralado na hora, para servir (opcional)

1. Aqueça o azeite em uma panela de fundo grosso. Refogue a cebola por 3–4 minutos, até ficar macia. Acrescente o alho e a pimenta e refogue por mais 1 minuto.

2. Junte os filés de anchova, o tomate, o açúcar e as azeitonas pretas e deixe levantar fervura.

3. Abaixe o fogo e deixe cozinhar por 10 minutos, até o molho ficar grosso.

4. Acrescente as folhas de manjericão, as alcarrapas e uma pitada de sal e mexa por 1 minuto. Sirva quente com espaguete ou linguine, polvilhado com parmesão ralado, se preferir.

## Molho de cordeiro, alho-poró e pimenta verde

Use carne de cordeiro de primeira para preparar este molho encorpado, evitando que solte muito líquido ao refogar. Sirva com massa simples ou de espinafre.

**Tempo de preparo** 10 minutos
**Tempo de cozimento** 20 minutos
**Rendimento** 4 porções

**2 talos de alho-poró**
**25 g de manteiga**
**400 g de carne de cordeiro magra moída**
**2 dentes de alho amassados**
**2 colheres (chá) de farinha de trigo**
**150 ml de Caldo de Cordeiro, Caldo de Galinha (ver pág. 18) ou Caldo de Legumes (ver pág. 19)**
**2 colheres (sopa) de grãos de pimenta verde em conserva, enxaguados em água corrente e escorridos**
**100 ml de crème fraîche***
**noz-moscada ralada na hora**
**sal**

1. Limpe e pique os talos de alho-poró.
2. Em uma panela grande e rasa, derreta a manteiga e refogue a carne de cordeiro até ficar ligeiramente dourada, mexendo sempre e separando os grumos com uma colher de pau. Junte o alho-poró e o alho e refogue por mais 5 minutos.
3. Acrescente a farinha e, em seguida, o caldo e os grãos de pimenta; deixe levantar fervura. Tampe e cozinhe, em fogo baixo, por 10 minutos, até a carne ficar macia.
4. Incorpore o crème fraîche, bastante noz-moscada e um pouco de sal para realçar o sabor. Aqueça bem em fogo baixo antes de servir.

*N.T.: Especialidade francesa, é um tipo de creme de leite fermentado. Procure em casas de produtos importados, ou substitua por uma mistura de 4 partes de creme de leite fresco para cada parte de iogurte natural.

# Molho à bolonhesa

O molho à bolonhesa, ou ragu, é servido na Itália geralmente com o talharim, e não com o espaguete. Ele deve ser encorpado e saboroso, e não ralo e aguado – só assim vai aderir bem à massa escolhida.

**Tempo de preparo** 15 minutos
**Tempo de cozimento** 1 hora
**Rendimento** 4 porções

15 g de manteiga
3 colheres (sopa) de azeite
1 cebola grande bem picada
1 talo de salsão bem picado
3 dentes de alho amassados
500 g carne moída de boa qualidade
150 ml de vinho tinto
2 latas (ou 800 g) de tomate sem pele picado
2 colheres (sopa) de tomate seco em pasta
3 colheres (sopa) de orégano fresco picado
3 folhas de louro
sal e pimenta-do-reino
queijo parmesão ralado para servir (opcional)

1. Derreta a manteiga e o azeite em uma panela grande de fundo grosso; junte a cebola e frite por 5 minutos. Acrescente o salsão e refogue por mais 2 minutos.

2. Junte o alho e, em seguida, a carne moída. Refogue, mexendo sempre para não formar grumos, até dourar ligeiramente.

3. Acrescente o vinho e deixe ferver, para evaporar um pouco.

4. Junte o tomate, o tomate seco em pasta, o orégano e as folhas de louro; espere ferver.

5. Em fogo baixo, cozinhe o molho com a panela destampada, por cerca de 45 minutos, ou até que ele esteja encorpado e saboroso. Tempere com sal e pimenta-do-reino e sirva – com parmesão ralado, se preferir.

ARROZ E MASSAS 109

# Pesto

Embora seja utilizado principalmente como molho de macarrão, o pesto fresco pode ser adicionado a diversos pratos, como sopas, refogados e risotos.

**Tempo de preparo** 5 minutos
**Rendimento** 4 porções

50 g de manjericão fresco, com os talos
50 g de pinhole
65 g de queijo parmesão ralado na hora
2 dentes de alho picados
125 ml de azeite
sal e pimenta-do-reino

1  Rasgue o manjericão em pedaços pequenos.
2  Coloque o manjericão, os pinholes, o parmesão e o alho em um processador de alimentos.
3  Bata rapidamente para triturar os pinholes e o queijo, raspando as laterais do recipiente se necessário.
4  Adicione o azeite e um pouco de sal e pimenta-do-reino e bata até formar uma pasta espessa. Misture com macarrão cozido na hora de servir, ou despeje em uma tigela e guarde na geladeira. O molho pode ser conservado, tampado, por até 5 dias.
5  Para fazer um pesto vermelho, substitua o manjericão por 125 g de tomates secos conservados em óleo, escorridos e picados.

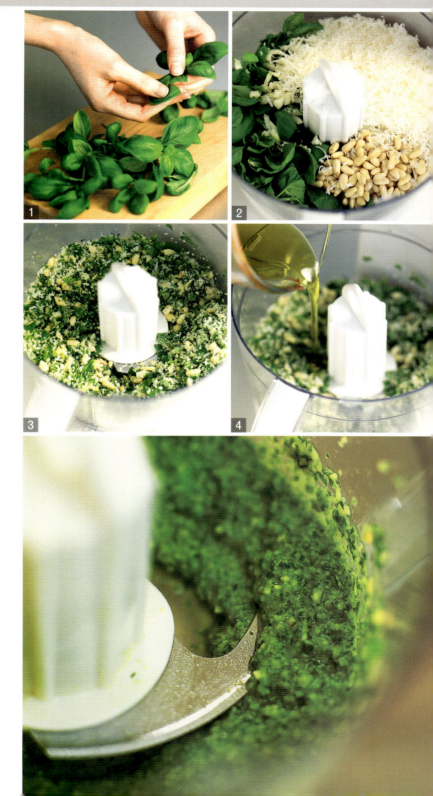

## Molho verde tailandês

Com um sabor marcante e ao mesmo tempo refrescante, é fácil entender por que a comida tailandesa tornou-se tão popular. Este molho pode ser usado em receitas tradicionais ou simplesmente misturado a um macarrão oriental.

**Tempo de preparo** 10 minutos
**Tempo de cozimento** 25 minutos
**Rendimento** 4 porções

- 2 talos de capim-limão cortados em rodelas
- 50 g de gengibre fresco sem a casca picado em pedaços grandes
- 4 dentes de alho picados
- 1 cebola cortada em pedaços grandes
- 2 pimentas verdes frescas, sem sementes, picadas
- 1 maço grande de coentro (cerca de 25 g)
- ½ colher (chá) de cúrcuma em pó
- 1 colher (sopa) de cominho em pó
- 2 colheres (sopa) de água
- 1 colher (sopa) de açúcar refinado
- 1 colher (sopa) de nam pla*
- 1 colher (sopa) de suco de limão
- 400 ml de leite de coco
- sal

1. Coloque o capim-limão, o gengibre, o alho, a cebola, a pimenta, o coentro, a cúrcuma e o cominho em um processador de alimentos. Acrescente a água e bata até formar uma pasta razoavelmente fina.

2. Incorpore, batendo, o açúcar, o nam pla e o suco de limão. Bata e despeje em uma tigela, se não for utilizar imediatamente. Tampe e leve à geladeira.

3. Coloque o leite de coco em uma panela de fundo grosso. Deixe ferver e cozinhe por 10–15 minutos, até reduzir cerca de ⅓ e ficar espesso o bastante para revestir o dorso de uma colher com uma camada bem fina.

4. Junte a pasta de temperos e misture bem. Reduza o fogo ao mínimo e cozinhe por 10 minutos, com a panela tampada. Tempere com sal e sirva quente.

*N.T.: Molho à base de peixe fermentado, típico da culinária tailandesa, pode ser encontrado em casas de produtos orientais.

ARROZ E MASSAS 111

# LEGUMES
# E VERDURAS

**LEGUMES E VERDURAS**

# Torta de cebolas caramelizadas

Esta versão salgada da famosa tarte tatin francesa, originalmente feita com maçãs, leva chalotas – pequenas cebolas de sabor suave que nascem em bulbos parecidos com os de alho.

**Tempo de preparo** 30 minutos, mais o tempo para esfriar
**Tempo de cozimento** 45–50 minutos
**Rendimento** 4–6 porções

Massa
**175 g de farinha de trigo integral com fermento***
**75 g de manteiga gelada cortada em cubinhos**
**2 colheres (sopa) de salsinha bem picada**
**2 colheres (chá) de tomilho picado**
**2–3 colheres (sopa) de suco de limão**

Recheio
**500 g de chalotas sem a casca (ou a parte branca da cebolinha)**
**25 g de manteiga**
**2 colheres (sopa) de azeite**
**2 colheres (chá) de açúcar mascavo**
**sal e pimenta-do-reino**

1 Faça a massa. Peneire a farinha de trigo em uma tigela, junte a manteiga e misture com a ponta dos dedos até obter uma farofa. Adicione a salsinha, o tomilho e o suco de limão e misture até formar uma massa firme. Sove rapidamente e leve à geladeira por 30 minutos.

2 Faça o recheio. Ferva as chalotas por 10 minutos e escorra bem. Aqueça a manteiga e o azeite em uma frigideira que possa ir ao forno e refogue as chalotas em fogo baixo, mexendo sempre, por cerca de 10 minutos, até que comecem a dourar. Polvilhe com o açúcar, tempere a gosto com sal e pimenta-do-reino e cozinhe por mais 5 minutos, até ficarem bem coradas.

3 Abra a massa no formato de um disco um pouco maior que a frigideira. Enrole o disco com cuidado no rolo de macarrão e estenda-o sobre as chalotas, embutindo as bordas na lateral da frigideira, pelo lado de dentro.

4 Asse em um forno preaquecido, a 200°C, por 20–25 minutos, até a massa ficar crocante. Deixe esfriar por 5 minutos e vire a torta em uma travessa. Sirva quente ou fria.

*N.T.: Se não encontrar, junte 1 ½ colher (chá) de fermento em pó e ½ colher (chá) de sal para cada xícara de farinha.

LEGUMES E VERDURAS 115

# Torta de legumes assados e queijo feta

O queijo feta, o mais famoso queijo de origem grega, é feito de leite de cabra ou ovelha. Seu sabor característico combina muito bem com legumes ao estilo mediterrâneo. Sirva a torta quente ou fria.

**Tempo de preparo** 25 minutos, mais o tempo para esfriar
**Tempo de cozimento** 45 minutos
**Rendimento** 6 porções

Massa
**125 g de farinha de trigo com fermento**
**50 g de aveia**
**75 g de manteiga gelada cortada em cubinhos**

Recheio
**1 berinjela cortada em fatias**
**1 pimentão vermelho, sem a parte branca e as sementes, cortado em tiras grossas**
**1 cebola cortada em cunhas**
**2 abobrinhas cortadas em fatias grossas**
**3 tomates cortados ao meio**
**2 dentes de alho picados**
**3 colheres (sopa) de azeite**
**4 raminhos de alecrim, mais um pouco para decorar, se preferir**
**125 g de queijo feta esmigalhado**
**2 colheres (sopa) de queijo parmesão ralado**
**sal e pimenta-do-reino**

1 Faça a massa. Misture a farinha de trigo e a aveia e junte a manteiga, amassando com a ponta dos dedos até obter uma farofa. Adicione 3 colheres (sopa) de água fria e misture até obter uma massa firme. Sove rapidamente e leve à geladeira por 30 minutos.

2 Faça o recheio. Coloque a berinjela, o pimentão, a cebola, a abobrinha e o tomate em uma assadeira. Acrescente o alho, o azeite e o alecrim e tempere a gosto com sal e pimenta-do-reino.

3 Misture bem para que os legumes fiquem temperados por igual e asse em um forno preaquecido, a 200°C, por 35 minutos.

4 Abra a massa e forre com ela uma fôrma de 23 cm de diâmetro. Pré-asse (ver pág. 44) por 15 minutos. Retire o papel-manteiga e os pesinhos e coloque de volta no forno por mais 5 minutos. Recheie com os legumes assados, espalhe o queijo feta por cima e polvilhe com parmesão. Asse por mais 10 minutos e sirva decorado com o alecrim, se preferir.

## Torta de batata com presunto, alcachofra e cogumelos

Esta torta moldada à mão tem uma massa fofa e úmida, perfeita para todos os tipos de recheio.

**Tempo de preparo** 20 minutos
**Tempo de cozimento** 30–40 minutos
**Rendimento** 4 porções

75 g de manteiga
1 cebola cortada em rodelas finas
150 g de farinha de trigo
125 g de batata cozida e amassada
1 colher (sopa) de azeite
2 chalotas* picadas
125 g de cogumelos fatiados
125 g de presunto cozido cortado em tiras
175 g de corações de alcachofra em conserva, escorridos e fatiados
sal e pimenta-do-reino
raminhos de tomilho para decorar

1  Derreta 25 g da manteiga em uma panela e refogue a cebola até ficar macia e levemente corada. Deixe esfriar um pouco. Corte o restante da manteiga em cubinhos e junte à farinha de trigo em uma tigela, misturando com as pontas dos dedos.

2  Adicione na tigela a cebola junto com o líquido que se formou na panela e a batata amassada; tempere a gosto com sal e pimenta-do-reino. Misture até obter uma massa de consistência macia.

3  Abra a massa com as mãos sobre uma assadeira untada, formando um disco de 23 cm de diâmetro. Belisque as laterais para formar uma borda.

4  Aqueça o azeite em uma frigideira e refogue as chalotas até ficarem ligeiramente coradas. Junte os cogumelos e cozinhe um pouco, até ficarem macios.

5  Distribua o presunto e a alcachofra sobre a massa e cubra com as chalotas e o cogumelo. Tempere novamente, se achar necessário, e asse em um forno preaquecido, a 200°C, por 25–30 minutos, até a massa ficar bem dourada. Sirva quente, enfeitada com raminhos de tomilho.

*N.T.: Também conhecidas como echalotas ou "cebolinhas de cabeça", têm sabor suave, são pequenas e nascem em forma de bulbo, como o alho – se não encontrar, substitua pela parte branca da cebolinha (escolha as maiores).

# Torta de abóbora e jarlsberg com azeite aromatizado

Jarlsberg é um queijo norueguês macio e com sabor levemente amendoado. Se não encontrar jarlsberg, substitua por emmenthal.

**Tempo de preparo** 20 minutos, mais o tempo para esfriar
**Tempo de cozimento** 1 hora
**Rendimento** 6 porções

300 g de massa podre (ver pág. 46), descongelada
1 colher (sopa) de tomate seco em pasta
650 g de abóbora descascada, sem sementes e cortada em fatias grossas (uma abóbora de cerca de 1 kg)
250 g de queijo jarlsberg, sem casca e finamente fatiado
2 colheres (sopa) de orégano fresco picado
3 colheres (sopa) de azeite
6 fatias finas de presunto Parma

1. Abra a massa com um rolo em uma superfície enfarinhada e forre uma fôrma desmontável de 25 cm de diâmetro com bordas onduladas. Espalhe o tomate seco em pasta sobre a base e leve à geladeira por 30 minutos.
2. Intercale as fatias de abóbora e queijo sobre a massa, sobrepondo-as ligeiramente.
3. Misture o azeite com o orégano e pincele a torta com a metade dessa mistura. Asse em um forno preaquecido, a 180°C, por 30 minutos. Retire do forno.
4. Disponha as fatias de presunto Parma frouxamente sobre a torta, pincele com o restante do azeite e leve de volta ao forno por mais 30 minutos.

# Galette de dolcelatte e alho-poró

O cremoso e azulado dolcelatte tem um sabor suave e é ideal para molhos substanciosos. Não cozinhe demais o alho-poró, senão ele ficará duro e insosso.

**Tempo de preparo** 15 minutos
**Tempo de cozimento** 20–22 minutos
**Rendimento** 4 porções

8 talos finos de alho-poró
300 g de massa folhada (ver pág. 48), descongelada
50 ml de crème fraîche*
1 colher (sopa) de pimenta vermelha
1 colher (sopa) de molho de mostarda granulada
50 g de queijo dolcelatte esmigalhado (ou outro queijo azul de sabor suave)
1 ovo batido
sal e pimenta-do-reino
salsinha picada para decorar (opcional)

1. Apare os talos de alho-poró, de modo que fiquem com 20 cm, e coloque-os em uma frigideira. Cubra com água fervente e espere a água levantar fervura novamente. Abaixe o fogo, tampe a panela e cozinhe por 5–7 minutos. Escorra e reserve.

2. Abra a massa com o rolo em uma superfície enfarinhada, formando um quadrado de cerca de 25 cm, e forre com ele uma assadeira. Com uma faca afiada, faça um corte raso em volta de toda a massa, deixando uma borda de 3,5 cm; não deixe que a faca corte até o fim.

3. Seque os talos de alho-poró com toalha de papel para retirar o excesso de umidade e arrume-os sobre a massa do quadrado interno.

4. Misture o crème fraîche com a pimenta vermelha, o molho de mostarda, o queijo e o ovo e tempere bem com sal e pimenta-do-reino. Espalhe com cuidado sobre os talos de alho-poró e asse em um forno preaquecido, a 220°C, por 15 minutos, ou até a massa crescer e dourar.

5. Corte a galette em quatro e salpique cada porção com salsinha, se preferir. Sirva imediatamente.

*N.T.: Especialidade francesa, é um tipo de creme de leite fermentado. Procure em casas de produtos importados, ou substitua por uma mistura de 4 partes de creme de leite fresco para cada parte de iogurte natural.

# Legumes glaçados com laranja e mostarda

Uma combinação de raízes variadas – como cenoura, nabo e batata-doce – pode ser uma saborosa substituição para a tradicional batata.

**Tempo de preparo** 20 minutos
**Tempo de cozimento** 1 hora e 20 minutos
**Rendimento** 4 porções

400 g de cenoura
400 g de pastinaca (cenoura branca) ou inhame
300 g de batata-doce de polpa alaranjada ou branca
250 g de nabos roxos pequenos
250 g de chalotas* inteiras e descascadas
2 colheres (chá) de alecrim bem picado
6 colheres (sopa) de óleo
4 colheres (chá) de molho de mostarda granulada
raspas bem finas da casca de 1 laranja, mais 3 colheres (sopa) do suco
1 colher (sopa) de mel
1 colher (sopa) de suco de limão
sal e pimenta-do-reino

1. Descasque e corte a cenoura e a pastinaca (ou o inhame) ao meio, no sentido do comprimento, e depois em palitos grossos. Descasque a batata-doce e o nabo e corte em pedaços médios.

2. Ferva água com um pouco de sal em uma panela grande, junte as raízes e cozinhe por 5 minutos.

3. Escorra bem e transfira para uma assadeira grande. Espalhe as chalotas por cima e polvilhe com o alecrim. Regue com o óleo e misture delicadamente. Leve a um forno preaquecido, a 200°C, por 45 minutos, até que os legumes estejam ligeiramente dourados.

4. Enquanto isso, misture o molho de mostarda com as raspas e o suco de laranja, o mel, o suco de limão e um pouco de sal e pimenta-do-reino. Despeje sobre as raízes e mexa até que elas estejam cobertas de molho.

5. Coloque a assadeira de volta no forno e asse por mais 20–30 minutos, mexendo de vez em quando, até ficarem bem douradas.

*N.T.: Também conhecidas como echalotas ou "cebolinhas de cabeça", têm sabor suave, são pequenas e nascem em forma de bulbo, como o alho – se não encontrar, substitua pela parte branca da cebolinha (escolha as maiores).

# Panzanella

Tomates maduros e um pão rústico amanhecido podem ser bem aproveitados nesta salada à italiana, ideal para um almoço, um jantar leve ou uma apetitosa entrada.

**Tempo de preparo** 15 minutos, mais o tempo para descansar
**Tempo de cozimento** 3–5 minutos
**Rendimento** 4 porções

- 250 g de pão italiano ou ciabatta
- 100 ml de azeite
- 500 g de tomates maduros, sem a pele (ver pág. 17)
- ½ cebola roxa pequena cortada em rodelas bem finas
- um punhado de folhas de manjericão picadas
- 25 g de filés de anchova, escorridos e grosseiramente picados
- 2 colheres (sopa) de alcaparras
- 1 dente de alho amassado
- 2–3 colheres (sopa) de vinagre de vinho tinto
- sal e pimenta-do-reino

1 Pique o pão em pedaços pequenos. Espalhe em uma assadeira e regue com 1 colher (sopa) do azeite. Asse em forno bem quente até dourar.

2 Pique os tomates grosseiramente e transfira, juntamente com seu suco, para uma saladeira.

3 Junte a cebola, o manjericão, as anchovas e as alcaparras à saladeira. Salpique com o pão.

4 Bata o azeite restante com o alho, 2 colheres (sopa) do vinagre, sal e pimenta-do-reino (coloque mais uma outra colher de vinagre se preferir o molho um pouco mais ácido).

5 Regue a salada com esse molho e misture delicadamente. Deixe descansar por 20–30 minutos antes de servir.

LEGUMES E VERDURAS

# Rösti de batata e pastinaca

Estes bolinhos achatados feitos de batata ralada têm uma textura deliciosa. A adição de pastinaca realça seu sabor, transformando-os em um par perfeito para carnes vermelhas e de caça.

**Tempo de preparo** 15 minutos
**Tempo de cozimento** 15 minutos
**Rendimento** 4 porções

500 g de batatas (escolha batatas suculentas, que não vão esfarinhar depois de cozidas)
400 g de pastinaca (cenoura amarela) ou mandioquinha
2 dentes de alho bem picados
25 g de manteiga
2–3 colheres (sopa) de azeite
sal e pimenta-do-reino

1. Corte os tubérculos em pedaços grandes. Ferva água com um pouco de sal em uma panela grande, junte as batatas e cozinhe por 2 minutos. Acrescente a pastinaca e cozinhe por mais 3 minutos. Escorra e deixe esfriar até que seja possível manusear os tubérculos.

2. Rale-os em um ralo grosso e transfira para uma tigela. Salpique com o alho e um pouco de sal e pimenta-do-reino; misture bem.

3. Divida a mistura em 4 partes e molde bolinhos achatados com cada uma delas.

4. Derreta a manteiga e 2 colheres (sopa) do azeite em uma frigideira grande. Coloque os bolinhos e frite, em fogo baixo, por cerca de 5 minutos, ou até dourar o lado de baixo. Vire-os e frite por mais 5 minutos, juntando um pouco mais de azeite se a panela estiver muito seca.

# Ratatouille

Esta caçarola de legumes à provençal poder ser servida quente ou fria, com os legumes bem cozidos ou *al dente* – como preferir. Também pode ser feita com antecedência, pois fica ótima quando reaquecida.

**Tempo de preparo** 25 minutos
**Tempo de cozimento** 30 minutos
**Rendimento** 6 porções

150 ml de azeite
1 kg de tomates maduros e suculentos
½ colher (chá) de açúcar refinado
2 colheres (chá) de alecrim ou tomilho picados
2 cebolas cortadas em rodelas finas
3 pimentões vermelhos ou amarelos, ou uma mistura dos dois, sem sementes e cortados em cubinhos
1 berinjela grande (cerca de 400 g), cortada ao meio no sentido do comprimento e depois fatiada
2 abobrinhas italianas cortadas em rodelas
3 dentes de alho picados
sal e pimenta-do-reino

1. Tire a pele dos tomates seguindo as instruções da página 17. Pique-os grosseiramente.

2. Aqueça metade do azeite em uma panela, junte os tomates, o açúcar, a erva, um pouco de sal e pimenta-do-reino e refogue em fogo baixo, mexendo sempre, por cerca de 10 minutos, ou até o tomate ficar macio. Aumente o fogo e cozinhe por cerca de 5 minutos, até os tomates ficarem mais encorpados.

3. Em uma frigideira ou panela grande, frite a cebola no azeite restante por cerca de 5 minutos, até ficar macia. Junte o pimentão e a berinjela e refogue em fogo baixo, mexendo, por 5 minutos. Acrescente a abobrinha e o alho e refogue por mais 5 minutos.

4. Junte tudo em uma panela grande. Cozinhe em fogo baixo por 15 minutos, ou até os legumes ficarem macios, mas não moles. Acerte o tempero e sirva.

## Salada de figo, gorgonzola e presunto Parma

Esta salada combina sabores doces e salgados, envoltos em um delicado molho de laranja e mel. Use figos maduros e suculentos.

**Tempo de preparo** 10 minutos
**Tempo de cozimento** 2–10 minutos
**Rendimento** 4–6 porções

**200 g de pappardelle, seco ou fresco**
**2 colheres (sopa) de mel**
**2 colheres (chá) de molho de mostarda granulada**
**3 colheres (sopa) de suco de laranja espremido na hora**
**algumas gotas de suco de limão**
**3 colheres (sopa) de azeite extravirgem**
**4 figos maduros e suculentos cortados em gomos**
**100 g de presunto Parma, rasgado em pedaços pequenos**
**150 g de queijo gorgonzola grosseiramente picado**
**sal e pimenta-do-reino**

1 Ferva água com um pouco de sal em uma panela grande. Junte o macarrão e, assim que ferver, cozinhe por 2–3 minutos, se for fresco, ou 8–10 minutos, se for seco.

2 Enquanto isso, bata o mel com a mostarda, o suco de laranja, as gotas de limão, o azeite e um pouco de sal e pimenta-do-reino.

3 Escorra o macarrão e coloque de volta na panela.

4 Incorpore delicadamente ao macarrão os figos, o presunto e o queijo gorgonzola; transfira para pratos individuais. Regue com o molho e sirva.

LEGUMES E VERDURAS    125

# Salada de frango, ervilha-torta e pêssego

Esta salada é uma combinação deliciosa de cores e sabores que se complementam, do adocicado e suculento pêssego ao azedinho-salgado do molho.

**Tempo de preparo** 15 minutos
**Tempo de cozimento** 10 minutos
**Rendimento** 4 porções

200 g de massa curta seca (como rigatoni, lumaconi ou trompetti)
125 g de ervilha-torta cortada na diagonal
2 pêssegos grandes e suculentos
200 g de peito de frango cozido, sem pele, grosseiramente picado
½ maço de cebolinha, cortada na diagonal
15 g de folhas de coentro picadas
sal e pimenta-do-reino

Molho
3 colheres (sopa) de mel
3 colheres (sopa) de suco de limão
4 colheres (sopa) de azeite extravirgem
1 colher (sopa) de shoyu
2 colheres (chá) de nam pla*

1  Ferva água com um pouco de sal em uma panela grande, junte o macarrão e cozinhe por 8–10 minutos, ou até ficar *al dente*. Junte a ervilha-torta e deixe cozinhar por mais 1 minuto. Escorra e enxágüe em água fria corrente. Escorra novamente e transfira para uma saladeira.

2  Corte os pêssegos ao meio, retire o caroço e corte em gomos finos; acrescente ao macarrão, juntamente com o frango, a cebolinha e o coentro.

3  Faça o molho. Bata bem o mel, o suco de limão, o azeite, o shoyu e o nam pla.

4  Um pouco antes de servir, despeje o molho sobre a salada, tempere com pimenta-do-reino a gosto e misture bem.

*N.T.: Molho à base de peixe fermentado, típico da culinária tailandesa; pode ser encontrado em casas de produtos orientais.

# Salada picante de lentilha com queijo grelhado

O sabor salgado do queijo grelhado e o sabor ácido e picante da lentilha combinam muito bem nesta salada. Pode ser servida morna, logo depois do preparo, mas também fica ótima gelada.

**Tempo de preparo** 15 minutos
**Tempo de cozimento** 25 minutos
**Rendimento** 4 porções

225 g de lentilha du Puy*
1 colher (sopa) de caldo de legumes em pó
3 folhas de louro
1 cebola cortada ao meio
225 g de queijo haloumi**, ou outro queijo que não derreta ao grelhar (como o coalho ou o minas meia-cura)
100 ml de azeite
2 colheres (chá) de sementes de coentro
2 colheres (chá) de sementes de cominho
1 maço de cebolinha bem picada
raspas bem finas de 1 limão, mais 4 colheres (sopa) do suco
2 colheres (sopa) de mel
2 talos de salsão cortados em fatias bem finas
4 colheres (sopa) de coentro picado
pimenta-do-reino

1. Enxágue a lentilha e coloque em uma panela com o caldo de legumes, as folhas de louro e a cebola, cubra com bastante água fria e leve ao fogo. Assim que ferver, reduza o fogo para o mínimo e deixe cozinhar por 20 minutos, até ficar macia. Escorra, descarte a cebola (deixe as folhas de louro) e transfira para uma travessa.

2. Enxugue o queijo em toalhas de papel para remover a umidade. Corte em cubinhos. Aqueça uma colher (sopa) do azeite em uma frigideira e grelhe o queijo de todos os lados até dourar.

3. Triture as especiarias secas em um pilãozinho. Transfira para uma panela pequena e junte o azeite restante e a cebolinha. Aqueça em fogo baixo por 30 segundos, para tomar gosto. Retire do fogo, junte as raspas e o suco de limão e o mel. Tempere com bastante pimenta-do-reino.

4. Despeje o molho sobre a lentilha e junte o salsão, o coentro e o queijo. Misture bem e sirva a salada morna ou fria.

*N.T.: De origem francesa, é verde-escuro acinzentada, mais saborosa que a comum e não desmancha depois de cozida. Se não encontrar, substitua por lentilha comum, mas observe o tempo de cozimento indicado na embalagem do produto.

**N.T.: Queijo de leite de cabra originário do Chipre; é salgado e de textura firme e fibrosa.

LEGUMES E VERDURAS 127

# Salada de sardinha com molho de ervas e alcaparra

Ótimas no churrasco ou grelhadas, é bom experimentar novas combinações com as sardinhas de vez em quando. Esta salada refrescante com sabor único é um ótimo prato de entrada para o verão – ou uma refeição leve para duas pessoas.

**Tempo de preparo** 20 minutos
**Tempo de cozimento** 50 minutos
**Rendimento** 4 porções

400 g de beterrabas pequenas
6 colheres (sopa) de azeite extravirgem
500 g de sardinhas limpas, sem cabeças e rabos
1 dente de alho pequeno bem picado
1 colher (sopa) de suco de limão
1 colher (chá) de alecrim bem picado
2 colheres (sopa) de alcaparras, escorridas (enxágüe bem se forem conservadas em sal)
50 g de rúcula ou folhas mistas
125 g de queijo de cabra de sabor suave
sal e pimenta-do-reino

1 Descasque as beterrabas e corte-as em gomos. Coloque os pedaços em uma fôrma e regue com 1 colher (sopa) do azeite. Asse em um forno preaquecido, a 200°C, por 40 minutos, ou até ficarem macios.

2 Coloque as sardinhas na fôrma e regue com mais 1 colher (sopa) do azeite. Asse por mais 10 minutos, ou até que as sardinhas fiquem bem cozidas.

3 Misture o alho, o suco de limão, o alecrim e as alcaparras com o azeite restante. Adicione sal e pimenta-do-reino a gosto.

4 Corte as sardinhas próximo à espinha dorsal e retire os filés, descartando a espinha.

5 Coloque a salada de folhas em pratos individuais e disponha as beterrabas e as sardinhas por cima. Esfarele o queijo de cabra por cima e regue com o molho.

# Molho gribiche

Assim como a maionese, o gribiche é preparado despejando-se lentamente óleo sobre ovos. É delicioso com legumes quentes ou frios, principalmente aspargos. A pasta de gemas pode ser feita antecipadamente.

**Tempo de preparo** 15 minutos
**Rendimento** 4 porções

4 gemas cozidas
1 colher (chá) de mostarda Dijon
200 ml de azeite de sabor suave
1–2 colheres (sopa) de vinagre de vinho branco
2 colheres (sopa) de alcaparras, escorridas e picadas (enxágüe bem se forem conservadas em sal)
2 colheres (sopa) de cebolinha-francesa bem picada
1 clara de ovo cozido bem picada (opcional)
sal e pimenta-do-reino
mais cebolinha-francesa bem picada, ou flores de cebolinha-francesa, para decorar

1  Soque as gemas cozidas, a mostarda e uma pitada de sal e pimenta-do-reino em um pilão grande. Outra opção é bater ligeiramente os ingredientes em um processador de alimentos ou liquidificador.

2  Adicione um fio de azeite, mexendo bem para misturar os ingredientes. Continue acrescentando o azeite em fio até incorporar cerca da metade e a mistura adquirir uma consistência espessa. Coloque 1 colher (sopa) do vinagre. Junte aos poucos o azeite restante (não despeje o azeite rápido demais, senão o molho pode talhar).

3  Transfira o molho para uma tigela e junte as alcarrapas e a cebolinha-francesa.

4  Se necessário, coloque um pouco mais de vinagre, sal e pimenta-do-reino.

5  Com uma colher, espalhe o molho sobre os legumes, salpique com a clara de ovo (se preferir) e decore com a cebolinha-francesa ou as flores.

# Molho harissa picante

Um molho rápido, fácil e bastante saboroso. Misture uma receita inteira com legumes ou feijões cozidos, ou utilize-o como um maravilhoso complemento para o cuscuz marroquino ou para acompanhar tomates grelhados.

**Tempo de preparo** 10 minutos, mais o tempo para esfriar
**Tempo de cozimento** 5 minutos
**Rendimento** 4–6 porções

1 colher (sopa) de sementes de coentro
1 colher (chá) de sementes de alcaravia
3 colheres (sopa) de azeite de sabor suave
1 pimentão vermelho, sem sementes, cortado em pedaços grandes
1 cebola roxa pequena cortada em pedaços grandes
1 pimenta vermelha sem sementes bem picada
3 dentes de alho picados
4 colheres (sopa) de folhas de coentro rasgadas
½ colher (chá) de sal de aipo
150 ml de polpa de tomate

1   Soque levemente as sementes de coentro e alcaravia em um pilão. Se não tiver um pilão, coloque as sementes no processador de alimentos e aperte o botão pulsar algumas vezes.

2   Coloque as sementes em uma frigideira pequena e adicione o azeite, o pimentão e a cebola. Refogue em fogo baixo por 5 minutos, ou até que a cebola e o pimentão estejam macios.

3   Transfira a mistura para um processador de alimentos ou liquidificador e acrescente a pimenta vermelha, o alho, o coentro, o sal de aipo e a polpa de tomate.

4   Bata até formar um creme liso, raspando as laterais do recipiente se necessário. Despeje em uma molheira e cubra com filme plástico. Leve à geladeira e deixe até a hora de servir. Pode ser conservado na geladeira por até 5 dias, em um recipiente bem tampado.

**LEGUMES E VERDURAS** 131

# Molho de berinjela grelhada

Este molho exótico é levemente picante, mas se quiser um sabor ainda mais apimentado, acrescente pimenta vermelha ou verde bem picada. Deixe as berinjelas ficarem bem chamuscadas para dar ao molho bastante cor e sabor.

**Tempo de preparo** 15 minutos
**Tempo de cozimento** 30 minutos
**Rendimento** 6–8 porções

½ colher (chá) de sal de aipo
1 colher (chá) de páprica picante
400 g de berinjelas fatiadas no sentido do comprimento
6 colheres (sopa) de óleo de girassol
1 cebola roxa grande picada
3 dentes de alho picados
1 colher (sopa) de sementes de nigela (cominho-preto)
1 colher (chá) de feno-grego moído
6–8 folhas grandes de menta (ou hortelã) picadas
150 ml de Caldo de Legumes (ver pág. 19)
3 colheres (sopa) de tomate seco em pasta
100 ml de crème fraîche*

1. Misture o sal de aipo e a páprica picante e passe nas fatias de berinjela. Pincele um dos lados de cada fatia com óleo. Coloque algumas fatias em uma grelha preaquecida, com o lado besuntado de óleo virado para baixo. Grelhe, em etapas, até que as fatias fiquem chamuscadas – cerca de 6 minutos. Depois vire-as, pincele com mais óleo e deixe que grelhem até ficarem bem macias.

2. Esquente o óleo restante em uma frigideira grande e refogue a cebola e o alho por 3 minutos. Junte as sementes de nigela, o feno-greno e a menta; deixe mais 2 minutos no fogo.

3. Transfira para um processador de alimentos ou liquidificador. Acrescente as fatias de berinjela e bata até obter uma pasta grossa.

4. Despeje em uma panela limpa e adicione o caldo de legumes e o tomate seco em pasta. Aqueça em fogo baixo, mexendo sempre. Junte o crème fraîche e sirva.

*N.T.: Especialidade francesa, é um tipo de creme de leite fermentado. Procure em casas de produtos importados, ou substitua por uma mistura de 4 partes de creme de leite fresco para cada parte de iogurte natural.

# Chutney de tomate verde

Há dias em que é praticamente impossível achar um tomate maduro na feira ou no supermercado. Que tal aproveitar os tomates verdes para fazer esse exótico e saboroso chutney?

**Tempo de preparo** 15 minutos
**Tempo de cozimento** 1 hora e 40 minutos
**Rendimento** cerca de 2 kg

1 kg de tomates verdes cortados em cubinhos
500 g de cebola bem picada
500 g de maçãs ácidas descascadas, sem o miolo, cortadas em cubinhos
2 pimentas verdes frescas, sem semente, bem picadas
2 dentes de alho amassados
1 colher (chá) de gengibre em pó
uma pitada generosa de cravo em pó
uma pitada generosa de cúrcuma em pó
50 g de uva-passa escura
250 g de açúcar mascavo claro
300 ml de vinagre de vinho branco

1. Coloque o tomate, a cebola, a maçã e a pimenta fresca em uma panela grande de fundo grosso e misture bem.

2. Junte o alho, o gengibre, o cravo e a cúrcuma, depois incorpore as uvas-passas, o açúcar e o vinagre.

3. Aqueça e, assim que ferver, abaixe o fogo e tampe a panela. Deixe cozinhar, mexendo sempre, por 1 hora e 15 minutos–1 hora e 30 minutos, ou até que tenha encorpado.

4. Transfira para vidros previamente esterilizados e aquecidos, cubra a boca dos recipientes com um círculo de papel-manteiga (lado brilhante para baixo) e, por fim, feche bem com a tampa. Cole etiquetas marcando a data e o conteúdo e deixe curtir em local fresco e escuro por pelo menos 3 semanas antes de usar. Pode ser guardado por até 12 meses antes de ser aberto.

## Chutney de castanha portuguesa, cebola roxa e erva-doce

Este chutney é rápido e fácil de preparar, e fica bom com queijo blue cheese, pão e frios fatiados, para um lanche prático e delicioso.

**Tempo de preparo** 15 minutos
**Tempo de cozimento** 1 hora e 30 minutos
**Rendimento** cerca de 600 g

60 ml de azeite
4 cebolas roxas grandes cortadas em rodelas finas
1 bulbo de erva-doce limpo e cortado em fatias finas
250 g de castanha portuguesa cozida, descascada e cortada ao meio
100 g de açúcar mascavo claro
125 ml de vinagre de maçã
125 ml de xerez doce ou vinho Marsala
pimenta-do-reino

1. Aqueça o azeite em uma panela grande de fundo grosso, junte a cebola e a erva-doce e refogue em fogo baixo por 25–30 minutos, até que a cebola esteja bem macia.

2. Junte as castanhas, o açúcar, o vinagre e o xerez ou vinho, tempere com bastante pimenta-do-reino e misture bem.

3. Cozinhe em fogo baixo, com a panela destampada e mexendo sempre, por cerca de 1 hora, ou até que esteja encorpado.

4. Transfira para vidros previamente esterilizados e aquecidos, cubra a boca dos recipientes com um círculo de papel-manteiga (lado brilhante para baixo) e, por fim, feche bem com a tampa. Cole etiquetas marcando a data e o conteúdo e deixe esfriar completamente antes de servir. Guarde em lugar fresco e escuro ou na geladeira. Conserva-se por 3–4 meses antes de aberto.

# Relish de beterraba e maçã

A palavra *relish*, do inglês, significa prazer, satisfação, e também está associada a sabores marcantes e agradáveis – assim é essa compota, adequada para acompanhar carnes assadas e grelhadas. A bela cor fica por conta da beterraba.

**Tempo de preparo** 15 minutos
**Tempo de cozimento** 1 hora e 45 minutos
**Rendimento** cerca de 1,5 kg

500 g de maçãs ácidas descascadas, sem o miolo, cortadas ao meio
500 g de beterraba crua descascada
375 g de cebola bem picada
1 colher (sopa) de gengibre fresco bem picado
2 dentes de alho grandes amassados
1 colher (chá) de páprica
1 colher (chá) de cúrcuma em pó
1 canela em pau
250 g de açúcar mascavo claro
450 ml de vinagre de vinho tinto

1. Rale as maçãs e as beterrabas no ralo grosso e transfira para uma panela grande de fundo grosso.

2. Junte a cebola, o gengibre e o alho e misture bem.

3. Incorpore os demais ingredientes e aqueça; assim que ferver, abaixe o fogo e tampe a panela. Cozinhe em fogo baixo, mexendo de vez em quando, por cerca de 1 hora e 30 minutos, ou até que o relish tenha encorpado e a beterraba esteja macia.

4. Coloque em vidros preaquecidos e secos e tampe bem. Cole etiquetas marcando a data e o conteúdo e deixe curtir em local fresco e escuro por pelo menos 1 semana antes de usar. Pode ser guardado por 6–9 meses antes de ser aberto.

# Ketchup caseiro

O ketchup caseiro pode ser feito a partir do purê de várias frutas e legumes e, de acordo com o gosto, mais ou menos picante. Sirva-o nas mesmas ocasiões que o tradicional, acompanhando sanduíches e carnes grelhadas.

**Tempo de preparo** 15 minutos
**Tempo de cozimento** 1 hora
**Rendimento** cerca de 1,2 L

1,5 kg de tomates bem maduros e suculentos grosseiramente picados
500 g de cebolas grosseiramente picadas
125 g de açúcar refinado
3 colheres (sopa) de mostarda em pó
3 dentes de alho amassados
1 colher (chá) de sal
150 ml de vinagre de vinho tinto

1. Coloque todos os ingredientes em uma panela grande de fundo grosso, misture bem e leve ao fogo. Assim que ferver, reduza a chama para o mínimo e deixe cozinhar, sem a tampa e mexendo de vez em quando, por 45 minutos.
2. Deixe esfriar um pouco e então bata em um liquidificador ou processador de alimentos.
3. Passe por uma peneira sobre uma panela limpa.
4. Aqueça novamente e, assim que ferver, retire do fogo. Coloque o ketchup em vidros ou garrafas preaquecidas e tampe bem. Cole etiquetas marcando a data e o conteúdo e deixe esfriar em local fresco e escuro. Pode ser guardado por até 6 meses.

# PEIXES E FRUTOS DO MAR

# Ostras picantes

Esta é uma boa receita para aqueles que têm receio de comer ostras cruas. Ao comprá-las, tente adquirir também uma faca própria para abrir ostras, o que facilitará a tarefa de retirá-las das conchas.

**Tempo de preparo** 25 minutos
**Tempo de cozimento** 15 minutos
**Rendimento** 4 porções

12 ostras
1 colher (chá) de sementes de mostarda
75 g de manteiga
2 chalotas* bem picadas
½ talo de salsão bem picado
1 dente de alho amassado
1 colher (sopa) de vinagre de vinho branco
1 colher (chá) de molho Tabasco
1 colher (sopa) de cebolinha-francesa picada
1 colher (sopa) de salsinha picada
sal grosso e pimenta-do-reino

1. Para abrir as ostras, segure-as com um pano grosso, com a concha redonda virada para baixo. Enfie uma faca resistente, de preferência uma faca própria para ostras, no vão entre as conchas, próximo à junta. Vire a faca para cortar o músculo e separe as conchas.

2. Descarte a concha que estava por cima. Passe a faca embaixo da ostra para soltá-la, segurando a concha com firmeza para evitar que os sucos caiam. Coloque as ostras já abertas em uma frigideira que possa ir ao forno forrada com uma camada de sal, para que as conchas não virem.

3. Toste as sementes de mostarda em uma frigideira até que comecem a estourar. Acrescente a manteiga, as chalotas e o salsão e refogue por 3 minutos. Junte o alho e um pouco de sal e pimenta-do-reino e frite por mais 2 minutos. Despeje o vinagre, o molho Tabasco e ⅔ de cada erva.

4. Coloque a mistura sobre as ostras e grelhe em um forno preaquecido bem quente (de preferência com grelha superior) por 5–8 minutos, ou até que as ostras estejam firmes. Sirva cobertas com o restante das ervas.

*N.T.: Também conhecidas como echalotas ou "cebolinhas de cabeça", têm sabor suave, são pequenas e nascem em forma de bulbo, como o alho – se não encontrar, substitua pela parte branca da cebolinha (escolha as maiores).

PEIXES E FRUTOS DO MAR 139

140  PEIXES E FRUTOS DO MAR

# Salada de macarrão com lula salteada

A refrescância do pepino, as lulas salteadas à perfeição e as ervas frescas fazem desta salada uma festa para os olhos e um banquete para o paladar. Sirva com uma massa curta e larga, como o rigatoni.

**Tempo de preparo** 25 minutos
**Tempo de cozimento** 15 minutos
**Rendimento** 4–6 porções

½ pepino sem casca cortado em rodelas
1 colher (sopa) de sal, mais um pouco para cozinhar o macarrão
200 g de massa curta seca
100 g de rúcula
100 ml de azeite
500 g de lulas pequenas
1 colher (chá) de páprica em pó
1 colher (sopa) de farinha de trigo
1–2 colheres (sopa) de suco de limão
1 colher (chá) de açúcar
40 g de ervas mistas (como salsinha, cebolinha-francesa, manjericão e funcho)
pimenta-do-reino

1. Arrume as rodelas de pepino em um escorredor pequeno, salpicando um pouco de sal entre as camadas.

2. Ferva água com sal para o macarrão em uma panela grande. Junte a massa e, assim que ferver, cozinhe por mais 10 minutos, ou até que esteja *al dente*. Escorra e transfira para uma tigela. Junte a rúcula e 1 colher (sopa) do azeite e misture bem.

3. Lave a lula em água corrente, corte ao meio no sentido do comprimento e seque com toalha de papel (se a lula vier com os tentáculos, separe do corpo, limpe e use também na receita).

4. Misture a páprica com a farinha e passe a lula nessa mistura. Aqueça 2 colheres (sopa) do azeite e refogue a lula rapidamente por 4–5 minutos, até ficar dourada. Escorra.

5. Despeje o azeite restante em um liquidificador e junte 1 colher (sopa) do suco de limão, o açúcar, as ervas e a pimenta-do-reino. Bata até que as ervas estejam bem picadas. Enxágüe o pepino em água fria para remover o sal e escorra. Junte ao macarrão. Acrescente a lula e o molho. Mexa e acrescente mais suco de limão, se necessário.

# Salmão em conserva com endro

Neste prato escandinavo bastante apreciado, o salmão é conservado em uma deliciosa e adocicada marinada de endro. Depois do preparo, deixe o salmão descansar por 2 ou 3 dias e sirva com pão de trigo integral ou de centeio.

**Tempo de preparo** 20 minutos, mais o tempo para marinar
**Rendimento** 8–10 porções

2 filés de salmão médios, com cerca de 500 g cada, sem escamas e espinhas
25 g de endro picado
40 g de sal grosso
50 g de açúcar refinado
2 colheres (sopa) de grãos de pimenta-do-reino grosseiramente moídos

Molho
2 colheres (sopa) de mostarda francesa escura
4 colheres (chá) de açúcar
4 colheres (sopa) de endro picado
100 ml de Maionese (ver pág. 21)

1. Disponha um filé de salmão, com a pele voltada para baixo, em um recipiente raso não-metálico. Misture o endro, o sal, o açúcar e os grãos de pimenta e espalhe sobre o peixe. Sobreponha o segundo pedaço com a pele virada para cima.

2. Cubra o peixe com papel-alumínio e coloque uma bandeja pequena por cima com alguns pesos, como latas ou vidros cheios.

3. Leve à geladeira por 2–3 dias, virando o peixe uma ou duas vezes por dia e cobrindo-o com o caldo que vai se formando.

4. Escorra os filés de salmão e coloque-os em uma tábua de carne. Com uma faca bem afiada, corte-os em fatias oblíquas e finas, não muito mais grossas que as de salmão defumado.

5. Para fazer o molho, bata todos os ingredientes e coloque a mistura em uma tigela pequena. Sirva o salmão acompanhado do molho.

# Escabeche

Existem muitas versões desta receita em que pedaços de peixe levemente cozido são curtidos em vinagre aromatizado. Esta é feita com suculentos pedaços de bacalhau fresco.

**Tempo de preparo** 15 minutos, mais o tempo para esfriar
**Tempo de cozimento** 10 minutos
**Rendimento** 4 porções

500 g de filés de bacalhau fresco (ou cação), sem a pele
4 colheres (sopa) de azeite
1 pimentão vermelho (escolha um alongado), sem sementes, cortado em rodelas finas
1 cebola roxa cortada em rodelas
2 tiras de casca de laranja sem a parte branca, mais 2 colheres (sopa) do suco
½ colher (chá) de sementes de cominho trituradas
uma pitada generosa de cúrcuma em pó
125 ml de xerez doce
5 colheres (sopa) de açúcar mascavo
8 azeitonas verdes sem caroço
sal e pimenta-do-reino

1 Corte o bacalhau em tiras largas, descartando as espinhas, se houver, e tempere com um pouco de sal e pimenta-do-reino.

2 Aqueça o azeite em uma frigideira e frite o peixe em fogo baixo de ambos os lados por cerca de 5 minutos, ou até ficar bem cozido. Escorra e coloque em um recipiente não-metálico em que todos os pedaços possam ficar bem próximos uns dos outros. Frite o pimentão e a cebola na frigideira até ficarem macios e acrescente ao recipiente com o peixe. Coloque a casca de laranja entre os pedaços do peixe.

3 Misture o suco de laranja, as sementes de cominho, a cúrcuma, o xerez e o açúcar, até o açúcar dissolver.

4 Despeje a mistura sobre o peixe. Misture bem os ingredientes. Tampe e leve à geladeira por até 3 dias. Sirva salpicado com as azeitonas.

# Cavalinhas com batata-doce caramelizada

O azeite aromatizado com pimenta vermelha acrescenta um sabor picante que combina com a raita de hortelã e as batatas e cebolas caramelizadas. Se não tiver, use um azeite extravirgem e uma pimenta fatiada bem fino.

**Tempo de preparo** 15 minutos
**Tempo de cozimento** 1 hora
**Rendimento** 2 porções

**375 g de batata-doce de polpa alaranjada**
**1 cebola roxa cortada em rodelas bem finas**
**4 colheres (sopa) de azeite aromatizado com pimenta vermelha**
**raminhos de tomilho**
**40 g de tomates secos cortados em fatias bem finas**
**4 filés grandes de cavalinha**
**sal e pimenta-do-reino**
**gomos de limão para servir**

Raita
**100 ml de iogurte natural**
**1 colher (sopa) de coentro picado**
**1 colher (sopa) de hortelã picada**

1 Lave as batatas-doces e corte-as em cubinhos de 1,5 cm. Espalhe em um refratário raso juntamente com as cebolas. Acrescente o azeite, o tomilho e o sal e misture bem.

2 Asse em um forno preaquecido, a 200°C, por 40–45 minutos, virando uma ou duas vezes, até que as batatas estejam macias e comecem a dourar. Adicione os tomates.

3 Dobre cada filé de cavalinha ao meio, com a pele virada para fora, e coloque por cima das batatas. Leve ao forno por mais 12–15 minutos, ou até o peixe ficar bem cozido.

4 Enquanto isso, misture o iogurte, o coentro, a hortelã e um pouco de sal e pimenta-do-reino em uma tigela.

5 Transfira o peixe e as batatas para pratos individuais aquecidos, regue com a raita – ou coloque-a no prato, dentro de uma tigela pequena – e sirva com os gomos de limão.

# Paella de frutos do mar

O segredo de uma boa paella é fritar os ingredientes no azeite antes de cozinhar o arroz, para que o azeite possa absorver o sabor. Você pode substituir por outros peixes e frutos do mar, se preferir.

**Tempo de preparo** 30 minutos
**Tempo de cozimento** 40 minutos
**Rendimento** 4 porções

150 ml de azeite
350 g de lulas limpas, cortadas em anéis se forem grandes (ver pág. 39)
8 camarões grandes, limpos e sem a casca
2 pimentões vermelhos ou verdes, sem sementes, cortados em rodelas
125 g de chouriço cortado em cubinhos
4 dentes de alho amassados
1 cebola picada
250 g de arroz para paella
450 ml de Caldo de Peixe (ver pág. 19)
1 colher (chá) de pistilos de açafrão
100 g de ervilhas
300–400 g de mexilhões limpos (ver pág. 39)
sal e pimenta-do-reino
gomos de limão para servir

1 Aqueça metade do azeite em uma paelleira e frite a lula com os camarões, mexendo sempre, por 5 minutos. Retire com uma escumadeira. Adicione os pimentões e frite por mais 5 minutos. Retire com a escumadeira.

2 Adicione o chouriço, o alho, a cebola e o azeite restante na frigideira e frite por 5 minutos.

3 Acrescente o arroz e cozinhe por 1 minuto, mexendo para que os grãos fiquem bem cobertos pelo saboroso azeite.

4 Adicione o caldo de peixe e o açafrão e espere ferver. Abaixe o fogo, tampe a panela ou cubra com papel-alumínio e cozinhe por cerca de 20 minutos, ou até que o arroz fique bem cozido. Acrescente as ervilhas, a lula, os camarões e o pimentão.

5 Misture superficialmente os mexilhões ao arroz, de forma que fiquem parcialmente submersos. Tampe e cozinhe por 3–4 minutos, ou até os mexilhões se abrirem. Descarte aqueles que ficarem fechados. Tempere a gosto com sal e pimenta-do-reino e sirva guarnecido com os gomos de limão.

PEIXES E FRUTOS DO MAR 145

# Peixe assado em papel-manteiga

Assar porções de peixe *en papillote* é uma maneira criativa de preservar todo o seu sabor e maciez. Você pode experimentar servir pacotinhos menores como entrada.

**Tempo de preparo** 20 minutos
**Tempo de cozimento** 20 minutos
**Rendimento** 4 porções

2 colheres (sopa) de óleo de gergelim, mais um pouco para pincelar
4 filés de cação ou meca*, com cerca de 200 g cada um, sem a pele
75 g de cogumelos shiitake cortados em fatias
50 g de ervilha fresca na vagem (ou ervilha-torta) cortada ao meio, no sentido do comprimento
1 pimenta vermelha fresca, não muito picante, em fatias finas
40 g de gengibre fresco ralado
2 dentes de alho amassados

Molho
2 colheres (sopa) de shoyu light
2 colheres (sopa) de suco de limão
2 colheres (sopa) de molho de pimenta suave
4 colheres (sopa) de coentro fresco picado

1. Corte 4 quadrados de 30 cm de papel-manteiga e pincele o centro de cada um com óleo de gergelim. Coloque um filé de peixe no meio de cada quadrado. Misture os cogumelos, as ervilhas e a pimenta e arrume-os sobre o peixe.

2. Combine o óleo de gergelim com o gengibre e o alho e despeje sobre os legumes. Levante as laterais de cada embrulho para uni-las por cima do peixe como se fosse embrulhá-lo. Dobre as pontas para fechar bem e achate levemente.

3. Coloque os embrulhos em uma fôrma e asse em um forno preaquecido, a 190°C, por 20 minutos. Abra um dos embrulhos e verifique se o peixe está bem cozido. Se necessário, leve de volta ao forno por mais alguns minutos.

4. Enquanto isso, faça o molho. Misture o shoyu, o suco de limão, o molho de pimenta e o coentro. Abra os embrulhos e, com uma colher, regue o peixe com o molho antes de servir.

*N.T.: Também conhecido por espadarte (do inglês *swordfish*), não deve ser confundido com o peixe-espada, cujo corpo se assemelha a uma lâmina e tem carne branca e delicada.

# Caldeirada à portuguesa

Você pode usar qualquer peixe de carne branca nesta receita bastante flexível – portanto, escolha aquele que estiver mais fresco. Sirva com pão rústico para aproveitar melhor o delicioso caldo.

**Tempo de preparo** 25 minutos
**Tempo de cozimento** 45 minutos
**Rendimento** 6 porções

400 g de lula pequena limpa (ver pág. 39)
1,5 kg de peixes de carne branca sortidos (como merluza, hadoque, filé de tamboril, salmonete, cação ou meca)
6 colheres (sopa) de azeite
2 cebolas picadas
3 pimentões verdes, sem sementes, cortados em quatro
4 dentes de alho bem picados
750 g de tomates sem pele (ver pág. 17) picados
800 g de batatas cortadas em pedaços grandes
1 taça de vinho branco seco
600 ml de Caldo de Peixe (ver pág. 19)
4 colheres (sopa) de tomate seco em pasta
3 folhas de louro
25 g de coentro fresco picado
sal e pimenta-do-reino

1 Corte a lula em anéis, se for maior que 5 cm de comprimento, e reserve os tentáculos, se preferir não usá-los.

2 Corte os peixes em pedaços grandes, descartando a pele e as espinhas (se estiver usando salmonete, não é necessário retirar a pele).

3 Aqueça metade do azeite em uma panela grande de fundo grosso e frite as cebolas e os pimentões até ficarem macios. Acrescente o alho, o tomate, a batata, o vinho, o caldo de peixe, o tomate seco em pasta, as folhas de louro e o restante do azeite e cozinhe em fogo baixo, com a panela destampada, por 30 minutos.

4 Coloque os peixes na panela e deixe cozinhar por mais 5 minutos. Adicione a lula e o coentro e cozinhe por mais 5 minutos, ou até que tudo esteja cozido. Tempere a gosto com sal e pimenta-do-reino e coloque em cumbucas rasas, acompanhado do pão.

## Almôndegas de atum

Feitas com peixe em vez da tradicional carne moída, estas almôndegas são uma versão mediterrânea do hambúrguer. A receita utiliza atum fresco, mas também pode ser feita com meca ou cação.

**Tempo de preparo** 30 minutos
**Tempo de cozimento** 1 hora e 25 minutos
**Rendimento** 8 porções

1 receita de Molho de Tomates Assados (ver pág. 23)
25 g de pão
2 colheres (sopa) de leite
3 colheres (sopa) de azeite
1 cebola roxa pequena bem picada
500 g de atum fresco picado
150 g de queijo mozarela
1 colher (sopa) de orégano fresco bem picado
sal e pimenta-do-reino

1. Faça o Molho de Tomates Assados. Corte o pão em pedaços pequenos e deixe de molho em uma tigela com o leite até ficar macio. Amasse para obter uma massa. Em uma frigideira, frite a cebola com 1 colher (sopa) do azeite por cerca de 5 minutos, ou até ficar macia. Coloque o atum em uma máquina de moer carne ou processador de alimentos e moa, tomando cuidado para que não vire um purê. Misture ao atum a cebola, o pão e um pouco de sal e pimenta-do-reino.

2. Divida a mistura em 8 partes iguais. Enrole para formar bolinhas e achate-as para ficar em um formato de hambúrguer.

3. Aqueça o restante do azeite em uma frigideira e frite as almôndegas de ambos os lados. Coloque metade do molho de tomates em uma fôrma rasa e disponha as almôndegas por cima do molho.

4. Corte a mozarela em 8 fatias finas e disponha-as sobre as almôndegas. Espalhe o orégano, tempere com sal e pimenta-do-reino e asse em um forno preaquecido, a 180°C, por 20–25 minutos, ou até que fique bem aquecido. Enquanto isso, reaqueça o restante do molho de tomates para decorar.

# Quiche de camarão e abobrinha

Utilize abobrinha nova, de casca verde-escura e brilhante. À medida que a abobrinha envelhece, a sua casca se torna opaca e o seu sabor fica menos acentuado.

**Tempo de preparo** 25 minutos, mais o tempo para esfriar
**Tempo de cozimento** 40 minutos
**Rendimento** 4–6 porções

175 g de massa podre (ver pág. 46), descongelada
40 g de manteiga
1 abobrinha cortada em palitinhos
25 g de farinha de trigo
300 ml de leite quente
175 g de camarões pré-cozidos, sem a casca, descongelados
2 ovos batidos
75 g de queijo cheddar ralado
sal e pimenta-do-reino

1. Abra a massa com um rolo em uma superfície enfarinhada e forre com ela uma fôrma de 23 cm de diâmetro. Leve à geladeira por 30 minutos. Em seguida, pré-asse a massa (ver pág. 44) em um forno preaquecido, a 200°C, por 15 minutos. Remova o papel-manteiga e os pesinhos. Reduza a temperatura do forno para 190°C. Enquanto a massa está no forno, faça o recheio. Derreta a manteiga em uma panela e refogue a abobrinha em fogo baixo por cerca de 5 minutos, ou até ficar macia.

2. Acrescente a farinha de trigo e cozinhe por 1 minuto. Junte o leite quente aos poucos, mexendo sem parar, até obter um creme espesso e liso.

3. Deixe o creme esfriar um pouco, acrescente os camarões, os ovos e 50 g do queijo ralado. Tempere a gosto com sal e pimenta-do-reino.

4. Despeje o recheio na base da torta e polvilhe com o restante do queijo ralado.

5. Asse no forno preaquecido por cerca de 25 minutos, até o recheio ficar bem dourado. Sirva quente.

# Peixe assado no sal grosso

Esta técnica espanhola de preparo é uma das melhores maneiras de se apreciar peixes frescos. Robalo ou vermelho são peixes muito bons, ou, se você encontrar, pode comprar um pregado pequeno.

**Tempo de preparo** 15 minutos
**Tempo de cozimento** 25 minutos
**Rendimento** 4 porções

1,75 kg de sal grosso
1 peixe inteiro com cerca de 1,5 kg (como robalo, vermelho, garoupa, corvina, cherne etc.)
um punhado pequeno de ervas (como tomilho, salsinha e erva-doce), mais um pouco para servir
1 limão siciliano cortado em rodelas
pimenta-do-reino

Para servir
**Molho Aïoli (ver pág. 21)**
gomos de limão

1. Forre com papel-alumínio uma fôrma grande o suficiente para acomodar o peixe inteiro e espalhe uma fina camada de sal. Lave o peixe e, sem secar, coloque-o sobre o sal, na diagonal se necessário. Coloque as ervas e o limão em sua cavidade e tempere com pimenta-do-reino.

2. Ajeite o papel-alumínio ao redor do peixe para que forme uma borda de sal com cerca de 1,5 cm em toda a sua volta.

3. Espalhe uma camada de sal com 1 cm de espessura sobre o peixe. Regue com um pouco de água e asse em um forno preaquecido, a 200°C, por 25 minutos. Para verificar se o peixe está cozido, insira um espeto de metal na parte mais grossa do peixe e espere alguns segundos. Se o espeto estiver bem quente, é sinal de que o peixe está assado por dentro.

4. Remova a crosta de sal e a pele do peixe. Retire a espinha dorsal e a cabeça. Sirva o filé em pedaços, acompanhado dos gomos de limão, do molho Aïoli e de ervas frescas picadas.

PEIXES E FRUTOS DO MAR 151

# Salmão assado no vapor com legumes à moda asiática

Cozinhar peixes no vapor usando o forno requer pouco esforço – confira se você tem uma grelha para posicioná-la a pelo menos 1 cm do fundo de uma assadeira.

**Tempo de preparo** 15 minutos
**Tempo de cozimento** 25 minutos
**Rendimento** 4 porções

4 filés de salmão, com cerca de 200 g cada
1 colher (sopa) de pasta de tamarindo
2–3 colheres (sopa) de shoyu
15 g de gengibre fresco ralado
2 colheres (chá) de açúcar refinado
2 dentes de alho amassados
1 pimenta verde (jalapeño), não muito picante, cortada em fatias bem finas
1 colher (chá) de amido de milho
250 g de repolho branco chinês*
8 talos de cebolinhas verdes cortados no sentido do comprimento
15 g de coentro fresco picado

1 Coloque os filés de salmão em uma grelha untada encaixada sobre uma assadeira e despeje 450 ml de água fervente. Cubra bem com papel-alumínio e deixe cozinhar em um forno preaquecido, a 180°C, por 15 minutos, ou até que o salmão esteja bem cozido.

2 Enquanto isso, coloque a pasta de tamarindo em uma panela pequena e misture com 175 ml de água. Acrescente o shoyu, o gengibre, o açúcar, o alho e a pimenta e aqueça em fogo baixo por 5 minutos. Dilua o amido de milho em 1 colher (sopa) de água e acrescente à panela. Aqueça, mexendo sempre, por 1–2 minutos, ou até engrossar.

3 Corte o repolho em tiras, no sentido do comprimento, e coloque ao redor do salmão, sobre a grelha, juntamente com a cebolinha. Cubra novamente e leve de volta ao forno por mais 8–10 minutos, ou até que os legumes tenham murchado.

4 Misture o coentro ao molho. Transfira o peixe e os legumes para pratos aquecidos. Regue com o molho e sirva.

*N.T.: Também conhecido por bok choi e pak choi (o nome chinês), pode ser encontrado em mercados orientais e em alguns supermercados.

## PEIXES E FRUTOS DO MAR

# Peixe à marroquina

Este ensopado picante e aromático pode ser feito com filés de vários peixes de carne branca. Para melhores resultados, os pedaços devem ser grandes para não desmancharem durante o lento processo de cozimento.

**Tempo de preparo** 15 minutos
**Tempo de cozimento** 55 minutos
**Rendimento** 4 porções

750 g de filés de peixe de carne branca e firme (como bacalhau fresco, robalo ou tamboril), sem a pele
½ colher (chá) de sementes de cominho
½ colher (chá) de sementes de coentro
6 bagas de cardamomo
4 colheres (sopa) de azeite
2 cebolas pequenas cortadas em rodelas bem finas
2 dentes de alho amassados
¼ colher (chá) de cúrcuma em pó
1 canela em pau
40 g de uvas-passas miúdas sem semente*
25 g de pinholes ligeiramente tostados
150 ml de Caldo de Peixe (ver pág. 19)
raspas de 1 limão, mais 1 colher (sopa) do suco
sal e pimenta-do-reino
salsinha picada para decorar

1. Corte o peixe em pedaços de cerca de 5 cm e tempere com sal e pimenta-do-reino.

2. Use um pilão para triturar as sementes de cominho, de coentro e as bagas de cardamomo. Retire a casquinha do cardamomo e deixe as sementes.

3. Aqueça o azeite em uma frigideira grande e frite a cebola em fogo baixo por 6–8 minutos, até dourar. Adicione o alho e os condimentos e frite, mexendo sempre, por 2 minutos. Acrescente os pedaços de peixe, virando-os para cobri-los bem com o azeite. Transfira para um recipiente com tampa que possa ir ao forno e espalhe as uvas-passas e os pinholes por cima.

4. Coloque o caldo de peixe, o suco e as raspas de limão na frigideira e espere ferver. Despeje a mistura no recipiente com o peixe, tampe e asse em um forno preaquecido, a 160°C, por 40 minutos.

*N.T.: Use as do tipo Corinto, se encontrar.

## PEIXES E FRUTOS DO MAR

# Atum à moda Wellington

Um bom pedaço de atum, com cerca de 20 x 8,5 cm, é ideal para esta receita. Se você comprar um filé que seja mais grosso só de um lado, retire as aparas, grelhe ou frite, e use-as desfiadas em saladas.

**Tempo de preparo** 30 minutos, mais o tempo para esfriar
**Tempo de cozimento** 40 minutos
**Rendimento** 6 porções

**1 pedaço de atum fresco com 1 kg**
**50 g de manteiga**
**1 chalota\* bem picada**
**350 g de cogumelos grosseiramente picados**
**2 colheres (sopa) de molho de raiz-forte**
**3 colheres (sopa) de estragão picado**
**400 g de massa folhada (ver pág. 48), descongelada**
**ovo batido para pincelar**
**sal e pimenta-do-reino**

1. Seque bem o atum com toalhas de papel e esfregue-o com sal e pimenta-do-reino. Derreta um pouco da manteiga em uma frigideira e frite o atum de todos os lados até ficar dourado. Escorra e deixe esfriar.

2. Acrescente metade da manteiga restante na frigideira e frite a chalota e os cogumelos em fogo médio até que fiquem dourados e todo o líquido tenha evaporado. Adicione o molho de raiz-forte e o estragão e deixe esfriar. Espalhe o restante da manteiga sobre o atum.

3. Abra a massa em uma superfície levemente enfarinha até obter um retângulo grande. Espalhe, pressionando bem com as mãos, metade da mistura de cogumelos por cima do atum, inverta-o sobre a massa e espalhe o restante da mistura.

4. Pincele a massa com ovo batido e dobre por cima do atum cobrindo-o completamente, retirando os excessos de massa se precisar.

5. Coloque em uma assadeira untada, com o lado das emendas virado para baixo, e pincele com ovo. Asse em um forno preaquecido, a 200°C, por 30 minutos, ou até ficar bem dourado.

\*N.T.: Também conhecida como echalota ou "cebolinha de cabeça", tem sabor suave, é pequena e nasce em forma de bulbo, como o alho – se não encontrar, substitua pela parte branca da cebolinha (escolha as maiores).

# PEIXES E FRUTOS DO MAR

## Assado de peixe e frutos do mar

Um bom assado de peixe é um prato delicioso que agrada a todos os paladares. Faça-o de maneira simples, usando apenas o peixe, ou acrescente outros ingredientes mais requintados, como vieiras ou camarões.

**Tempo de preparo** 30 minutos
**Tempo de cozimento** 1 hora
**Rendimento** 6 porções

1 kg de filés de bacalhau fresco sem a pele, ou outro peixe de carne branca e firme
3 colheres (sopa) de leite
275 g de vieiras ou camarões grandes sem a casca
1,25 kg de batata
25 g de manteiga
3 chalotas* grandes bem picadas
4 colheres (sopa) de estragão picado
4 colheres (sopa) de salsinha picada
125 g de queijo gruyère ralado
1 receita de Molho Bechamel (ver pág. 20)
sal e pimenta-do-reino

1. Coloque o bacalhau em uma frigideira com o leite, o sal e a pimenta-do-reino. Tampe e cozinhe em fogo baixo por 5 minutos. Acrescente as vieiras ou camarões e cozinhe, com a panela tampada, por mais 2 minutos. Escorra, reservando o líquido, e deixe esfriar.

2. Ferva água e um pouco de sal em uma panela. Corte as batatas em rodelas finas e coloque na panela. Espere ferver e cozinhe por 6–8 minutos, ou até ficarem macias. Escorra. Derreta a manteiga na frigideira e frite as chalotas por 5 minutos. Acrescente as ervas.

3. Corte o peixe em pedaços grandes, retire as espinhas, se houver, e coloque em um refratário raso. Acrescente as vieiras ou camarões, as chalotas e as ervas.

4. Acrescente ⅔ do queijo e o líquido do cozimento do bacalhau ao molho bechamel. Despeje metade sobre o peixe. Coloque as batatas e o restante do molho.

5. Polvilhe com o restante do queijo e asse em um forno preaquecido, a 190°C, por cerca de 40 minutos, ou até dourar.

*N.T.: Também conhecidas como echalotas ou "cebolinhas de cabeça", têm sabor suave, são pequenas e nascem em forma de bulbo, como o alho – se não encontrar, substitua pela parte branca da cebolinha (escolha as maiores).

# Vermelho assado com feijão preto e tomate

Este prato colorido envolve o peixe em sabores picantes e aromáticos. Se não encontrar vermelho, use cioba, cherne ou salmonete.

**Tempo de preparo** 20 minutos, mais o tempo para ficar de molho e marinar
**Tempo de cozimento** 1 hora e 30 minutos
**Rendimento** 4 porções

250 g de feijão preto
1 vermelho de cerca de 1 kg, limpo e sem escamas
suco de 1 limão
3 dentes de alho amassados
3 folhas de louro
2 cebolas cortadas em rodelas finas
4 colheres (sopa) de azeite
ramos de salsinha
25 g de coentro fresco
200 g de tomates cortados em rodelas
1 pimenta vermelha fresca, não muito picante, sem sementes e cortada em fatias bem finas
sal e pimenta-do-reino

1. Deixe os feijões de molho em água fria durante a noite. Tempere o peixe a gosto e regue por dentro e por fora com suco de limão. Leve à geladeira por 1 hora.

2. Escorra os feijões, coloque-os em uma panela com bastante água e ferva por 10 minutos. Escorra e leve-os de volta à panela com o alho, as folhas de louro, ¾ da cebola e 600 ml de água. Espere ferver, abaixe o fogo e cozinhe lentamente, com a panela destampada, por 1 hora e 30 minutos, ou até ficarem macios.

3. Enquanto isso, coloque o peixe em um refratário raso untado com azeite. Espalhe por cima a salsinha, um pouco do coentro, os tomates, a pimenta fresca e o restante da cebola. Regue com o azeite restante e asse em um forno preaquecido, a 200°C, por 35 minutos, ou até que fique bem cozido.

4. Escorra o peixe, transfira-o para um prato aquecido e bata o que restou no refratário em um liquidificador. Acrescente o restante do coentro e bata até ficar homogêneo. Reaqueça e tempere a gosto. Sirva como guarnição para o feijão e o peixe.

PEIXES E FRUTOS DO MAR

# Bolinhos de salmão e siri

Algumas receitas com peixes ficam melhores se forem simples, deixando poucos ingredientes de qualidade darem conta do recado. Para uma receita mais prática e econômica, utilize mais batata no lugar da carne de siri.

**Tempo de preparo** 25 minutos
**Tempo de cozimento** 30 minutos
**Rendimento** 4 porções

700 g de batatas farinhentas
350 g de filés de salmão sem a pele
4 colheres (sopa) de leite
25 g de manteiga
150 g de carne de siri
2 colheres (sopa) de estragão picado
2 colheres (sopa) de salsinha picada
2 colheres (sopa) de alcaparras, escorridas (enxágüe bem se forem conservadas em sal)
1 ovo batido
farinha de trigo para polvilhar
azeite extravirgem para fritar
sal e pimenta-do reino
crème fraîche* para servir

1. Cozinhe as batatas em bastante água fervente com um pouco de sal por cerca de 15 minutos, ou até ficarem macias. Enquanto isso, coloque o salmão em uma frigideira, junte o leite e cozinhe em fogo baixo por 8–10 minutos, ou até ficar bem cozido.

2. Escorra as batatas, descasque e leve de volta à panela. Utilize um espremedor de batatas para amassá-las – deixe alguns pedaços pequenos intactos. Acrescente a manteiga.

3. Quando estiver frio o suficiente para manusear, desfie o salmão em pedaços médios, retire as espinhas (se houver) e reserve o caldo da panela. Junte o peixe e o seu caldo às batatas. Adicione a carne de siri, as ervas, as alcaparras, o ovo, o sal e a pimenta-do-reino. Bata até obter uma mistura homogênea.

4. Com as mãos bem enfarinhadas, faça 8 bolinhas iguais, pressionando bem para não se desmancharem, depois achate-as para formarem bolinhos pequenos.

5. Aqueça uma fina camada de azeite em uma frigideira de fundo grosso e frite os bolinhos, metade de cada vez, por cerca de 3 minutos de cada lado, até ficarem dourados. Sirva quente com crème fraîche.

*N.T.: Especialidade francesa, é um tipo de creme de leite fermentado. Procure em casas de produtos importados, ou substitua por uma mistura de 4 partes de creme de leite fresco para cada parte de iogurte natural.

# PEIXES E FRUTOS DO MAR

## Crepes de hadoque defumado

Saborosos pedaços de peixe cobertos com molho de queijo e enrolados em massa de panqueca tornam-se um delicioso prato. Se você preferir, use peixe de carne branca e firme, em vez do defumado.

**Tempo de preparo** 40 minutos
**Tempo de cozimento** 50 minutos
**Rendimento** 4 porções

**125 g de farinha de trigo**
**1 ovo**
**300 ml de leite, mais 4 colheres (sopa)**
**450 g de hadoque defumado**
**óleo de amendoim para fritar**
**200 g de folhas tenras de espinafre**
**1 receita de Molho Cremoso de Queijo (adicione 50 g de queijo cheddar ralado ao Molho Bechamel, ver pág. 20)**
**25 g de queijo parmesão ralado**
**sal e pimenta-do-reino**

1  Faça a massa. Em uma tigela, bata a farinha, o ovo e 150 ml do leite até obter uma mistura homogênea. Acrescente o restante do leite e bata novamente.

2  Cozinhe o hadoque em 4 colheres (sopa) de leite em uma frigideira, tampada, por 8–10 minutos. Deixe esfriar.

3  Aqueça um pouco do óleo em uma frigideira para crepe até começar a sair fumaça. Retire o excesso com toalha de papel e despeje um pouco da massa na frigideira, inclinando-a para cobrir toda a base. Cozinhe até que as bordas comecem a enrolar e o crepe esteja cozido na parte de baixo. Vire e cozinhe rapidamente do outro lado. Transfira para um prato e cozinhe o restante da massa da mesma maneira.

4  Leve as folhas de espinafre ao fogo em uma panela tampada, com 1 colher (sopa) de água. Escorra. Desfie o peixe, retirando a pele e as espinhas, se houver. Reserve ⅓ do molho de queijo e misture o peixe no restante. Espalhe o espinafre no crepe. Com uma colher, coloque o peixe com molho no centro e tempere levemente com sal e pimenta-do-reino.

5  Enrole os crepes e coloque-os em um refratário raso. Despeje o restante do molho de queijo por cima e polvilhe com o parmesão ralado. Asse em um forno preaquecido, a 190°C, por 20–25 minutos.

# Rouille

Este molho picante da cozinha mediterrânea é servido tradicionalmente com sopas de peixe e bouillabaisse*. Pode-se preparar uma versão rápida e fácil misturando alho e pimenta vermelha com maionese já pronta.

**Tempo de preparo** 15 minutos, mais o tempo para esfriar
**Tempo de cozimento** 15 minutos
**Rendimento** 6 porções

**1 pimentão vermelho grande sem sementes**
**3 dentes de alho grosseiramente picados**
**1 pimenta vermelha, sem sementes, grosseiramente picada**
**1 gema**
**25 g de farinha de rosca**
**150 ml de azeite**
**sal**

1 Corte o pimentão em tiras largas. Aqueça bem uma grelha, coloque as tiras de pimentão, com a pele virada para baixo, e cozinhe por cerca de 15 minutos, virando com frequência, até a pele ficar escura e chamuscada. Como alternativa, cozinhe em um forno convencional. Deixe esfriar um pouco e retire a pele dos pimentões.

2 Bata em um liquidificador ou processador de alimentos o pimentão, o alho, a pimenta, a gema e uma pitada de sal até formar uma pasta, raspando as laterais do recipiente se necessário.

3 Acrescente a farinha de rosca e 2 colheres (sopa) do azeite e bata novamente.

4 Adicione aos poucos o azeite restante em um fio grosso, para obter um molho de consistência homogênea. Se achar necessário, coloque mais um pouco de sal; despeje o molho em uma tigela pequena. Cubra e deixe na geladeira por até 2 dias antes de servir.

*N.T.: Caldeirada de peixes e frutos do mar típica da região de Provença, no sul da França.

# Molho termidor

Apesar de ser tradicionalmente servido com lagosta, este molho cremoso fica bom com quase todos os frutos do mar e peixes de carne branca. Mas, assim como todos os molhos à base de caldo, um caldo de peixe de boa qualidade faz toda a diferença.

**Tempo de preparo** 15 minutos
**Tempo de cozimento** 25 minutos
**Rendimento** 6 porções

400 ml de Caldo de Peixe (ver pág. 19)
200 ml de vinho branco seco
1 bouquet garni (ver pág. 17)
15 g de manteiga
15 g de farinha de trigo
300 ml de leite integral
2 colheres (chá) de extrato de tomate
1 colher (chá) de mostarda inglesa
¼ colher (chá) de pimenta vermelha
1 colher (sopa) de cerefólio, ou estragão, picado
150 ml de creme de leite fresco
1 colher (sopa) de conhaque
sal

1. Coloque o caldo de peixe, o vinho e o bouquet garni em uma panela grande de fundo grosso e deixe ferver. Cozinhe até o molho reduzir a 200 ml.

2. Em uma outra panela de fundo grosso, derreta a manteiga até borbulhar. Adicione a farinha de trigo e cozinhe por 2 minutos, mexendo sem parar, até começar a corar. Retire do fogo e incorpore o leite aos poucos, mexendo até obter uma consistência homogênea. Leve de volta ao fogo, acrescente o extrato de tomate, a mostarda e a pimenta e deixe ferver. Cozinhe em fogo baixo por 5 minutos, mexendo até ficar encorpado.

3. Retire o bouquet garni e despeje o caldo no molho.

4. Junte o cerefólio ou estragão, o creme de leite e o conhaque e deixe o molho borbulhar até revestir o dorso de uma colher de pau com uma camada fina. Tempere com sal e sirva quente.

# Molho vierge

Este molho tem um visual incrível. Apesar de ser fácil de preparar, causa um grande efeito em uma reunião de verão. As ervas se harmonizam com sabores fortes, como o de tamboril ou mariscos grelhados.

**Tempo de preparo** 10 minutos
**Tempo de cozimento** 2 minutos
**Rendimento** 6 porções

4 tomates maduros sem a pele (ver pág. 17)
½ colher (chá) de sementes de coentro
15 g de ervas frescas (como cerefólio, salsinha, estragão e cebolinha-francesa)
1 dente de alho bem picado
raspas e suco de 1 limão
100 ml de azeite
sal e pimenta-do-reino

1 Corte os tomates ao meio e retire as sementes com uma colher. Corte em cubinhos.

2 Triture bem as sementes de coentro em um pilão. Descarte os talos das ervas e pique bem as folhas. Em uma tigela, misture o tomate, as sementes de coentro, as ervas, o alho, as raspas e o suco do limão.

3 Acrescente o azeite e uma pitada de sal e pimenta-do-reino. Tampe e leve à geladeira até a hora de servir.

4 Aqueça o molho em fogo baixo em uma panela pequena.

PEIXES E FRUTOS DO MAR

# Molho cremoso de estragão

Este molho é preparado da mesma forma que o molho bechamel, mas o leite é substituído por caldo. O molho velouté resultante pode ser servido com ervas frescas e fica perfeito com mexilhões cozidos no vapor.

**Tempo de preparo** 10 minutos
**Tempo de cozimento** 15 minutos
**Rendimento** 6 porções

25 g de manteiga
25 g de farinha de trigo
500 ml de Caldo de Peixe (ver pág. 19)
8 ramos grandes de estragão
150 ml de vinho branco seco
½ colher (chá) de pasta de curry pronta (use a vermelha tailandesa, ou uma indiana de ardência média)
4 colheres (sopa) de crème fraîche* ou creme de leite fresco
sal e pimenta-do-reino

1. Derreta a manteiga em uma panela de fundo grosso até começar a borbulhar. Junte a farinha de trigo e mexa com uma colher de pau por 3–4 minutos, até o roux ficar bem dourado.

2. Retire a panela do fogo e incorpore o caldo de peixe aos poucos, mexendo sempre, até obter uma mistura homogênea. Leve a panela de volta ao fogo e espere ferver, sem parar de mexer. Reduza o fogo e cozinhe, mexendo sempre, até o molho revestir o dorso da colher de pau com uma camada fina.

3. Retire os talos do estragão e pique as folhas grosseiramente.

4. Adicione o estragão, o vinho, a pasta de curry e o crème fraîche ou creme de leite fresco ao molho. Tempere com sal e pimenta-do-reino e deixe cozinhar em fogo alto por cerca de 5 minutos, até ficar liso e brilhante. Sirva quente.

*N.T.: Especialidade francesa, é um tipo de creme de leite fermentado. Procure em casas de produtos importados, ou substitua por uma mistura de 4 partes de creme de leite fresco para cada parte de iogurte natural.

# Molho de salsinha

Um bom molho de salsinha, feito com a erva bem fresca e perfumada, é uma receita antiga e tradicional que combina bem com peixes simplesmente cozidos no vapor ou escaldados, como salmão, merluza ou bacalhau fresco.

**Tempo de preparo** 10 minutos
**Tempo de cozimento** 10 minutos
**Rendimento** 4 porções

15 g de salsinha crespa
250 ml de Caldo de Peixe (ver pág. 19)
25 g de manteiga
25 g de farinha de trigo
250 ml de leite
3 colheres (sopa) de creme de leite fresco
sal e pimenta-do-reino

1. Descarte os talos da salsinha e coloque as folhas em um processador de alimentos ou liquidificador com metade do caldo de peixe. Processe até ficar bem picada.

2. Derreta a manteiga em uma panela de fundo grosso até começar a borbulhar. Junte a farinha de trigo e mexa rapidamente com uma colher de pau para incorporar. Cozinhe por 2 minutos, mexendo sempre.

3. Retire a panela do fogo e despeje, aos poucos, o caldo batido com a salsinha. Em seguida, acrescente o restante do caldo de peixe, mexendo até obter uma mistura homogênea. Incorpore o leite à mistura. Leve a panela de volta ao fogo e mexa até ferver. Reduza o fogo e cozinhe por cerca de 5 minutos, mexendo sempre, até ficar liso e brilhante. O molho deve revestir o dorso de uma colher de pau com uma camada fina.

4. Coloque o creme de leite, tempere com sal e pimenta-do-reino e aqueça mais um pouco. Sirva com peixe cozido no vapor ou escaldado.

## PEIXES E FRUTOS DO MAR

# CARNES, AVES E CAÇA

# Bolo de carne

Sirva quente ou frio, dependendo do clima e da ocasião. As sobras do bolo, acompanhadas de salada e chutney, rendem um lanche especial.

**Tempo de preparo** 30 minutos
**Tempo de cozimento** 2 horas e 30 minutos
**Rendimento** 6 porções

2 pimentões vermelhos, sem sementes, picados em pedaços grandes
1 cebola roxa cortada em rodelas
3 colheres (sopa) de azeite
300 g de fatias finas de bacon
500 g de carne bovina magra moída
250 g de carne de porco moída
2 colheres (sopa) de orégano fresco picado
2 colheres (sopa) de salsinha bem picada
3 colheres (sopa) de molho inglês
2 colheres (sopa) de tomate seco em pasta
50 g de farinha de rosca
1 ovo
sal e pimenta-do-reino

1. Espalhe os pimentões e a cebola em uma assadeira e regue com o azeite. Asse em um forno preaquecido, a 200°C, por 30 minutos, até que estejam ligeiramente assados, e depois pique-os. Reduza a temperatura do forno para 160°C.

2. Enquanto isso, use um pouco de bacon para forrar a base e as laterais de uma fôrma de bolo inglês de 1 kg, colocando as fatias ligeiramente sobrepostas e deixando sobras das pontas em ambas as laterais da fôrma. Pique bem o restante do bacon.

3. Misture as carnes moídas, o bacon picado, os legumes, as ervas, o molho inglês, o tomate seco em pasta, a farinha de rosca, o ovo e um pouco de sal e pimenta-do-reino.

4. Coloque a mistura na fôrma e dobre as pontas das fatias de bacon sobre o recheio. Cubra com papel-alumínio e coloque dentro de uma assadeira com 2 cm de água fervente. Asse por 2 horas. Para servir quente, retire do forno, deixe descansar por 15 minutos e depois desenforme em uma travessa. Para servir frio, espere esfriar, desenforme e embrulhe em papel-alumínio.

# Filé ao molho béarnaise com batatinhas fritas

Se você vai preparar um filé de primeira, vale a pena caprichar também nestas batatinhas fritas tipo palito.

**Tempo de preparo** 20 minutos
**Tempo de cozimento** 20–30 minutos
**Rendimento** 4 porções

500 g de batatas farinhentas
15 g de estragão, ou cerefólio, picado
2 chalotas (ou a parte branca da cebolinha) cortadas em rodelas finas
3 colheres (sopa) de vinagre de vinho branco
1 colher (chá) de pimenta-do-reino preta em grãos
3 gemas
200 g de manteiga sem sal cortada em cubinhos, mais 15 g
óleo para fritar
4 filés (como contrafilé, filé-mignon, picanha ou T-bone)
sal e pimenta-do-reino

1. Corte as batatas, no sentido do comprimento, em rodelas de 0,5 cm de espessura, depois corte em palitos bem finos. Coloque em uma tigela e cubra com água fria. Coloque ¼ do estragão ou cerefólio em uma panela pequena com as chalotas, o vinagre, a pimenta-do-reino preta e 1 colher (sopa) de água. Cozinhe até reduzir a 1 colher (sopa).

2. Ferva um pouco de água em uma panela média. Coloque as gemas em uma tigela refratária sobre a panela, assegurando-se de que a base da tigela não encoste na água. Coe a mistura de vinagre dentro da tigela. Adicione um cubinho de manteiga e bata até derreter. Continue adicionando manteiga, um cubinho por vez, até o molho engrossar e ficar brilhante. Junte o restante do estragão ou cerefólio e tempere. Desligue o fogo, tampe e reserve.

3. Escorra as batatas e seque-as com toalha de papel. Aqueça o óleo (uma camada de cerca de 8 cm) em uma frigideira funda ou em uma panela grande de fundo grosso com um palito de fósforo dentro – quando acender, estará no ponto. Acrescente metade da batata e frite por cerca de 5 minutos, até amolecer, mas sem dourar. Escorra e frite o restante.

4. Derreta 15 g de manteiga em uma frigideira ou grelha. Tempere os filés e frite-os, virando-os apenas uma vez, até que estejam no ponto desejado (ver pág. 35). Transfira-os para uma travessa aquecida. Frite novamente as batatas no óleo quente por 2–3 minutos, até ficarem crocantes e douradas. Escorra bem e sirva com o filé e o molho.

## Filé-mignon com nozes

Esta receita é imbatível. Praticamente não dá trabalho e pode ser preparada com antecedência, inclusive o molho. Na hora de servir, é só esquentar no forno.

**Tempo de preparo** 20 minutos
**Tempo de cozimento** 20 minutos
**Rendimento** 6 porções

50 g de manteiga
3 chalotas* bem picadas
3 dentes de alho amassados
2 colheres (chá) de alecrim bem picado
250 g de nozes grosseiramente picadas
1 colher (sopa) de molho de raiz-forte
1 peça de filé-mignon com cerca de 1 kg
1 colher (sopa) de azeite
300 ml de Caldo de Carne ou Galinha (ver pág. 18)
1 taça grande de vinho tinto
sal e pimenta-do-reino
salsinha bem picada para decorar

1. Derreta metade da manteiga em uma frigideira grande de fundo grosso e frite as chalotas por 3–4 minutos, ou até ficarem macias. Acrescente o alho e o alecrim e mexa. Despeje em uma tigela e acrescente as nozes, o molho de raiz-forte e um pouco de sal e pimenta-do-reino.

2. Corte a carne em 6 filés iguais e tempere. Derreta a manteiga restante com o azeite na frigideira e doure os filés dos dois lados. Transfira-os para uma assadeira e reserve a frigideira para deglaçar.

3. Coloque a mistura de nozes sobre os filés e pressione delicadamente para baixo com as mãos. Asse em um forno preaquecido, a 200ºC, por 10 minutos.

4. Enquanto isso, coloque o caldo de carne ou galinha e o vinho na frigideira reservada e deixe ferver, mexendo para desprender a crosta do fundo. Deixe a mistura apurar até reduzir à metade. Coloque os filés em pratos aquecidos, despeje um pouco de molho sobre eles e polvilhe com a salsinha. Sirva o molho restante à parte.

*N.T.: Também conhecidas como echalotas ou "cebolinhas de cabeça", têm sabor suave, são pequenas e nascem em forma de bulbo, como o alho – se não encontrar, substitua pela parte branca da cebolinha (escolha as maiores).

# Hambúrgueres com salsa picante de abacate

No pão ou em um prato com batatas fritas, o hambúrguer feito em casa é insuperável, ainda mais se acompanhado desta salsa picante. A receita rende 6 hambúrgueres grandes, mas você pode moldar 8 menores e mais finos.

**Tempo de preparo** 15 minutos
**Tempo de cozimento** 10–12 minutos
**Rendimento** 6 porções

750 g de carne magra moída de boa qualidade
½ cebola pequena bem picada
25 g de miolo de pão amanhecido esmigalhado
1 ovo batido
óleo para fritar
sal e pimenta-do-reino

Salsa
2 colheres (sopa) de molho de pimenta vermelha
1 colher (sopa) de suco de limão
½ cebola roxa pequena bem picada
1 abacate do tipo Haas*

1  Coloque a carne moída, a cebola, o miolo de pão, o ovo e um pouco de sal e pimenta-do-reino em uma tigela e misture bem. É mais fácil fazer isso com as mãos, mas você pode usar uma colher de pau, se preferir.

2  Divida a mistura em 6 partes e molde uma bola com cada uma delas. Achate para formar hambúrgueres de cerca de 2,5 cm de espessura.

3  Prepare a salsa – misture o molho de pimenta, o suco de limão e a cebola em uma tigela. Corte o abacate ao meio, descartando o caroço e a casca. Pique em cubinhos, junte aos demais ingredientes e misture delicadamente.

4  Coloque um pouco de óleo em uma frigideira grande de fundo grosso e frite os hambúrgueres por 5–6 minutos de cada lado, até que estejam cozidos. Sirva-os com um pouco da salsa por cima.

*N.T.: Variedade desenvolvida na Califórnia a partir do cruzamento de abacates nativos da Guatemala e do México, é bem menor que o abacate comum, tem a polpa firme e a casca grossa, escura e rugosa – é conhecido também por avocado (seu nome em inglês).

# Rosbife com Yorkshire pudding

Acompanhamento perfeito para o rosbife, o Yorkshire pudding, uma tradição da culinária inglesa, não se parece em nada com um pudim – é macio e dourado, como um suflê.

**Tempo de preparo** 20 minutos
**Tempo de cozimento** 1 hora e 15 minutos–2 horas e 30 minutos
**Rendimento** 6–8 porções

1,5–2 kg de costela ou contrafilé de boi, com ou sem osso, enrolado e amarrado com a gordura do lado de fora
sobras de gordura do assado ou banha
**150 ml de Caldo de Carne (ver pág. 18)**
**150 ml de vinho tinto**
sal e pimenta-do-reino

Yorkshire pudding
**125 g de farinha de trigo**
**2 ovos**
**300 ml de leite**

1 Pese a carne e calcule o tempo de cozimento (ver pág. 34). Coloque-a em uma assadeira, com a gordura virada para cima e esfregue com um pouco de sal e pimenta-do-reino. Asse em um forno preaquecido, a 220°C, por 15 minutos. Reduza a temperatura para 180°C e asse a carne pelo tempo calculado.

2 Enquanto isso, prepare a massa do Yorkshire pudding. Em uma tigela, misture a farinha com um pouco de sal e quebre os ovos no centro. Acrescente metade do leite e mexa lentamente; junte o restante do leite, batendo até obter uma massa homogênea. Deixe descansar.

3 Coloque a carne em uma travessa, cubra e reserve. Aumente a temperatura do forno para 220°C. Coloque um pouco da gordura do assado ou pedacinhos de banha em forminhas de empada ou muffin e leve ao forno até ficar bem quente. Retire do forno, despeje a massa, sem encher muito, e asse por 20–25 minutos, até que estejam crescidos e dourados. Se você for assar batatas, use uma assadeira à parte e coloque-a na grade superior do forno para assar no último momento. Depois, mova-a para a grade inferior enquanto assa o Yorkshire pudding.

4 Adicione o caldo de carne e o vinho ao líquido produzido pela carne e aqueça, raspando a crosta. Deixe ferver e despeje em uma molheira.

# Chili mexicano

Mesmo não sendo autenticamente mexicano, o chili com carne é delicioso – um refogado apimentado com feijão, preparado lentamente em fogo baixo. Esta versão leva cubinhos de acém.

**Tempo de preparo** 20 minutos, mais o tempo para ficar de molho
**Tempo de cozimento** 1 hora e 40 minutos
**Rendimento** 6 porções

250 g de feijão preto ou vermelho de grãos graúdos (como o Jalo)
750 g de acém magro cortado em cubinhos
3 colheres (sopa) de azeite
2 cebolas picadas
1 colher (sopa) de pimenta vermelha em pó
1 colher (sopa) de sementes de cominho trituradas
1 colher (chá) de sal de aipo
3 dentes de alho amassados
2 colheres (sopa) de açúcar mascavo escuro
1 taça de vinho tinto
150 ml de Caldo de Carne ou Galinha (ver pág. 18)
2 latas (400 g cada) de tomates picados
sal e pimenta-do-reino
crème fraîche* para servir
coentro picado para decorar

1  Cubra o feijão com água fria e deixe de molho durante a noite. Escorra e coloque em uma panela grande com água fria. Deixe ferver por 10 minutos. Escorra e reserve.

2  Tempere a carne com sal e pimenta-do-reino. Aqueça o azeite em uma panela grande de fundo grosso e frite a carne, em duas etapas, até ficar bem dourada. Retire da panela com uma escumadeira.

3  Coloque a cebola, a pimenta, o cominho e o sal de aipo na panela e cozinhe em fogo baixo por 5 minutos. Adicione o alho e o açúcar e cozinhe por mais 1 minuto.

4  Coloque a carne de volta na panela e adicione o vinho, o caldo de carne ou galinha, o tomate e o feijão. Quando ferver, reduza o fogo e cozinhe, com a tampa, por 1 hora e 15 minutos, ou até a carne ficar macia. Sirva com o crème fraîche e o coentro.

*N.T.: Especialidade francesa, é um tipo de creme de leite fermentado. Procure em casas de produtos importados, ou substitua por uma mistura de 4 partes de creme de leite fresco para cada parte de iogurte natural.

# Saltimbocca de vitela

Uma vez batidos para ficarem finos, os escalopes cozinham rapidamente e ficam úmidos e macios. Esta receita é fácil o bastante para ser preparada até por "cozinheiros menos experientes" e sempre produz resultados deliciosos.

**Tempo de preparo** 10 minutos
**Tempo de cozimento** 10 minutos
**Rendimento** 4 porções

8 escalopes de vitela pequenos
2 colheres (chá) de farinha de trigo
50 g de manteiga
8 fatias de presunto Parma
8 folhas grandes de sálvia
250 ml de vinho branco seco
sal e pimenta-do-reino

1. Coloque os escalopes de vitela entre dois pedaços de filme plástico e bata-os com um martelo de carne ou rolo de macarrão até ficarem bem finos. Tempere a farinha com sal e pimenta-do-reino e empane os escalopes.

2. Derreta 25 g da manteiga em uma frigideira grande de fundo grosso e frite rapidamente os escalopes, um pouco de cada vez, até ficarem levemente dourados. Escorra e transfira para um prato.

3. Coloque uma fatia de presunto Parma e uma folha de sálvia no centro de cada escalope e leve-os de volta à frigideira por mais 2–3 minutos, até que fiquem completamente cozidos, virando-os cuidadosamente uma vez para dourar o presunto Parma e a sálvia. Escorra e transfira para pratos aquecidos.

4. Coloque o vinho na frigideira e deixe ferver até reduzir pela metade. Corte a manteiga restante em cubinhos e incorpore-a ao vinho. Tempere a gosto, despeje sobre os escalopes e sirva.

# Costela de porco com maple syrup

O cozimento lento assegura que a carne de porco se solte do osso e produza um delicioso molho brilhante, substancioso e escuro. Sirva com salada de agrião ou outra folha escura e batatas fritas.

**Tempo de preparo** 10 minutos, mais o tempo para marinar
**Tempo de cozimento** 1 hora e 30 minutos–1 hora e 45 minutos
**Rendimento** 4 porções

1,25 kg de costelas de porco carnudas
100 ml de maple syrup (xarope de bordo)*
2 dentes de alho amassados
3 colheres (sopa) de vinagre de vinho branco
3 colheres (sopa) de extrato de tomate
raspas e suco de 1 limão
1 pimenta vermelha fresca, sem sementes, bem picada
½ colher (chá) de páprica defumada
sal
limões cortados ao meio para servir

1. Disponha a carne, em uma única camada, em uma travessa rasa não-metálica. Em uma tigela, bata o xarope, o alho, o vinagre, o extrato de tomate, as raspas e o suco de limão, a pimenta e a páprica.

2. Despeje essa mistura sobre as costelas, virando-as para que fiquem completamente cobertas pela mistura. Cubra e deixe marinar na geladeira por 4–24 horas.

3. Transfira as costelas para uma assadeira rasa e cubra-as com o marinado da travessa.

4. Tempere levemente com sal e asse em um forno preaquecido, a 180°C, por 1 hora e 30 minutos–1 hora e 45 minutos, regando-as de vez em quando com o caldo, até que a carne esteja macia e o caldo tenha engrossado e esteja viscoso. Transfira para pratos e sirva com limão.

*N.T.: Acompanhamento tradicional dos waffles americanos, este xarope é uma herança indígena. Disponível em casas de importados e em alguns supermercados. Se não encontrar, substitua por melado ou mel.

## Lingüiça com mostarda e purê de batata-doce

Use lingüiças de carne de porco magra e de boa qualidade para esta receita. O ideal são as lingüiças temperadas com alho e ervas, pois contrastam com o sabor adocicado do molho.

**Tempo de preparo** 20 minutos
**Tempo de cozimento** 45 minutos
**Rendimento** 4 porções

4 colheres (sopa) de chutney de manga
4 colheres (chá) de molho de mostarda granulada
raspas e suco de ½ limão
500 g de lingüiça de porco magra
2 cebolas roxas cortadas em rodelas finas
2 colheres (sopa) de óleo
750 g de batata-doce de polpa alaranjada
500 g de nabo roxo
25 g de manteiga
100 ml de Caldo de Galinha (ver pág. 18) ou água
pimenta-do-reino

1. Em uma tigela pequena, misture o chutney, o molho de mostarda, as raspas e o suco de limão. Coloque as lingüiças em uma assadeira e pincele-as com essa mistura.

2. Espalhe as cebolas na assadeira e regue-as com o óleo. Asse em um forno preaquecido, a 180°C, por cerca de 45 minutos, pincelando as lingüiças uma ou duas vezes com os sucos do cozimento, até ficarem douradas.

3. Enquanto isso, descasque as batatas e corte-as em pedaços grandes. Descasque o nabo e corte-o em pedaços grandes. Cozinhe os legumes em panelas separadas até ficarem macios. Escorra, coloque-os em uma única panela e adicione a manteiga e um pouco de pimenta-do-reino. Amasse bem.

4. Arrume o purê, as lingüiças e as cebolas em pratos aquecidos. Coloque o caldo de galinha na assadeira e aqueça até começar a borbulhar. Raspe o fundo para desprender a crosta, despeje sobre o purê e sirva.

# Torta de lingüiças inteiras com cebolas

Mantenha as folhas finíssimas de massa filo cobertas com filme plástico ou pano úmido até a hora de usar, para que não ressequem.

**Tempo de preparo** 20 minutos
**Tempo de cozimento** 1 hora
**Rendimento** 4 porções

3 colheres (sopa) de azeite
6 lingüiças italianas
2 cebolas roxas cortadas em cunhas
6 folhas de massa filo*
100 g de queijo mascarpone
50 g de queijo roquefort
3 ovos grandes
2 colheres (sopa) de leite
1 colher (sopa) de molho de mostarda granulada
cebolinha-francesa para decorar

1. Aqueça 1 colher (sopa) do azeite em uma frigideira e refogue as lingüiças e as cebolas por cerca de 15 minutos em fogo médio, até ficarem cozidas e coradas. Reserve.

2. Pincele as folhas de massa filo com o restante do azeite e forre uma fôrma de fundo removível de 35 x 12 cm. Disponha as folhas de modo que se sobreponham e caiam nas laterais da fôrma. Aperte as sobras de massa pendendo nas laterais da fôrma de modo a criar uma borda. Asse em um forno preaquecido, a 180°C, por 10 minutos, ou até que a massa esteja seca. Deixe o forno ligado.

3. Misture bem o mascarpone, o roquefort, os ovos, o leite e o molho de mostarda até obter um creme liso. Despeje na base da torta.

4. Distribua as lingüiças e a cebola por igual sobre o creme. Asse por 30–35 minutos, ou até que a torta esteja firme e dourada. Sirva quente, decorada com cebolinha-francesa fresca.

*N.T.: Encontrada em empórios sírios.

# Barriga de porco assada ao estilo asiático

Uma barriga de porco carnuda e com pouca gordura rende um prato delicioso e barato. Sirva sobre arroz, acompanhada de legumes salteados.

**Tempo de preparo** 15 minutos
**Tempo de cozimento** 1 hora e 10 minutos
**Rendimento** 5–6 porções

1,5 kg de barriga de porco sem a pele
1 colher (chá) de sal grosso
½ colher (chá) de pimenta vermelha
1 colher (chá) de sementes de coentro
2 anises-estrelados quebrados em pedaços
½ canela em pau, em pedaços
8 cravos
2 colheres (chá) de açúcar refinado
2 colheres (sopa) de óleo de gergelim
4 cebolas pequenas cortadas em rodelas bem finas
4 dentes de alho amassados
4 colheres (sopa) de mel
3 colheres (sopa) de molho hoisin*

1. Use uma faca grande e afiada para riscar losangos de 1 cm na gordura da carne.
2. Bata bem o sal e as especiarias com o açúcar em um processador de alimentos, ou moa em um moedor de café. Pincele uma assadeira com 1 colher (chá) do óleo e coloque a carne, com o lado sulcado virado para cima. Esfregue a mistura apimentada sobre a carne. Asse em um forno preaquecido, a 200°C, por 30 minutos. Retire do forno, deixando-o ligado.
3. Misture as cebolas com o alho e o óleo restante e coloque, com uma colher, sobre a carne. Pincele com 2 colheres (sopa) do mel. Asse por mais 20 minutos. Pincele com o mel restante e asse por mais 20 minutos, até a carne ficar bem dourada.
4. Escorra a carne e transfira para uma tábua de carne. Coloque o molho hoisin e 100 ml de água na assadeira e leve-a ao fogo para ferver, mexendo sempre. Corte a carne e sirva com o molho.

*N.T.: Vendido também com o nome de Pekin Sauce, é um molho espesso, de coloração marrom-avermelhada, feito de soja fermentada e temperos – procure em casas de produtos orientais.

CARNES, AVES E CAÇA 179

# Filé de porco com abóbora

Todas as carnes de porco para bife ficam bem neste prato, então escolha a que lhe parecer melhor quando for comprar. Use qualquer tipo de abóbora. Este prato fica especialmente bom com a abóbora-menina.

**Tempo de preparo** 15 minutos
**Tempo de cozimento** cerca de 30 minutos
**Rendimento** 4 porções

2 colheres (chá) de sementes de mostarda
¼ colher (chá) de sal grosso
500 g de abóbora
4 bifes de porco sem osso (como pernil, lombo ou bisteca)
25 g de manteiga
1 colher (sopa) de óleo
1 colher (sopa) de sálvia picada
150 ml de Caldo de Galinha (ver pág. 18)
100 ml de crème fraîche*

1. Coloque as sementes de mostarda em uma frigideira pequena de fundo grosso e aqueça em fogo baixo até que comecem a pular ou torrar. Use um pilão para triturá-las levemente com o sal.

2. Descasque a abóbora, retire as sementes e pique-a em cunhas.

3. Seque os bifes com toalha de papel e esfregue-os com a mostarda e o sal.

4. Derreta a manteiga com o óleo em uma frigideira grande de fundo grosso e frite a abóbora até ficar dourada e macia. Escorra, coloque em uma travessa e mantenha aquecida. Coloque os bifes, com o lado temperado virado para baixo, e frite por 6–8 minutos, até ficarem dourados. Vire e acrescente a sálvia e o caldo de galinha. Cozinhe em fogo baixo por mais 6–8 minutos, até ficarem completamente cozidos. Escorra e mantenha aquecido.

5. Coloque o crème fraîche na frigideira e cozinhe, mexendo sempre, até começar a borbulhar e engrossar um pouco. Acerte o tempero e sirva com os filés e a abóbora.

*N.T.: Especialidade francesa, é um tipo de creme de leite fermentado. Procure em casas de produtos importados, ou substitua por uma mistura de 4 partes de creme de leite fresco para cada parte de iogurte natural.

## Presunto glaçado

Um pernil grande é o suficiente para alimentar uma família (quente num dia, frio no outro), ou para um jantar festivo. Se for servi-lo quente, cozinhe algumas batatas e cenouras no caldo da carne.

**Tempo de preparo** 15 minutos, mais o tempo para ficar de molho
**Tempo de cozimento** 2 horas e 20 minutos–3 horas
**Rendimento** 8–12 porções

1 peça de pernil com 2,5 kg, sem osso e amarrado
2 cebolas cortadas em rodelas
2 cenouras grosseiramente picadas
2 talos de salsão grosseiramente picados
raminhos de tomilho
4 folhas de louro
1 colher (sopa) de grãos de pimenta-do-reino
8 anises-estrelados
2 colheres (sopa) de geléia de laranja
75 g de açúcar mascavo claro
6 laranjas kinkans cortadas em rodelas finas

1 Deixe o pernil de molho em água fria por uma noite. Escorra e pese para calcular o tempo de cozimento, considerando 20 minutos para cada 500 g.

2 Coloque o pernil em uma panela um pouco maior que a peça de carne e junte a cebola, a cenoura, o salsão, o tomilho, as folhas de louro, os grãos de pimenta e 3 anises-estrelados. Cubra com água fria e, assim que ferver, tampe e cozinhe em fogo baixo pelo tempo calculado. Deixe esfriar no próprio líquido por 30 minutos.

3 Escorra o pernil e coloque em uma tábua de carne. Cuidadosamente, retire a pele, deixando uma camada de gordura. Com uma faca afiada, risque losangos na gordura, com cerca de 3 cm.

4 Aqueça a geléia em uma panela pequena, coloque o açúcar e mexa. Espalhe a mistura sobre a carne sulcada. Decore com as kinkans e o restante dos anises e coloque em uma assadeira forrada com papel-alumínio. Asse em um forno preaquecido, a 200°C, por 20 minutos, ou até o açúcar começar a caramelizar. Deixe descansar por 20 minutos antes de servir.

## Tortinhas de massa filo com pimentão vermelho e panceta

Se não achar panceta italiana, use bacon de boa qualidade. Lembre-se de manter a massa filo coberta com um pano úmido ou filme plástico para que não resseque.

**Tempo de preparo** 10 minutos
**Tempo de cozimento** 35–40 minutos
**Rendimento** 6 porções

18 quadrados de 11 cm de massa filo* (6–8 folhas)
25 g de manteiga derretida
1 colher (sopa) de azeite
125 g de panceta, ou bacon, cortada em cubinhos
1 pimentão vermelho grande, sem a parte branca e as sementes, grosseiramente picado
1 cebola roxa grosseiramente picada
1 colher (chá) de páprica picante
100 ml de polpa de tomate
6 ovos
50 g de queijo gruyère ralado

1. Pincele os quadrados de massa filo com a manteiga derretida. Para formar cada tortinha, empilhe três folhas de massa em ângulos diferentes, de modo que no final haja seis pilhas. Coloque cada pilha em uma forminha de 10 cm de diâmetro e asse em um forno preaquecido, a 200°C, por 8–10 minutos. Deixe o forno ligado.

2. Aqueça o azeite em uma frigideira e refogue a panceta ou o bacon, o pimentão, a cebola e a páprica por 8 minutos, até ficarem bem cozidos.

3. Retire a panela do fogo e junte a polpa de tomate. Divida o recheio entre as bases das tortinhas, fazendo uma depressão no centro de cada uma delas.

4. Coloque um ovo em cada depressão, polvilhe com o queijo ralado e asse no forno por 20 minutos.

*N.T.: Encontrada em empórios sírios.

**CARNES, AVES E CAÇA** 183

# Cordeiro ao molho salmoriglio

Com seu molho à base de ervas e limão, estes medalhões de cordeiro são perfeitos para um jantar ao ar livre. Prepare o molho salmoriglio com várias horas de antecedência para que os condimentos fiquem bem misturados.

**Tempo de preparo** 10 minutos
**Tempo de cozimento** 15 minutos
**Rendimento** 4 porções

8 medalhões ou 4 bistecas de cordeiro
1 colher (sopa) de orégano fresco picado
2 colheres (sopa) de salsinha picada
1 colher (sopa) de alcaparras, escorridas e picadas (enxágüe bem se forem conservadas em sal)
1 colher (chá) de orégano seco
3 dentes de alho amassados
raspas e suco de 1 limão pequeno
150 ml de azeite extravirgem, mais um pouco para cozinhar
sal e pimenta-do-reino

1 Retire o excesso de gordura dos medalhões. Se necessário, amarre os bifes de carne com um barbante para dar-lhes um bom formato

2 Misture o orégano fresco com a salsinha e as alcaparras em uma tábua de carne.

3 Transfira a mistura de ervas e alcaparras para uma tigela e junte o orégano seco, o alho, as raspas e o suco de limão, o azeite, o sal e a pimenta-do-reino. Bata bem até obter um molho homogêneo.

4 Cozinhe os medalhões em uma grelha preaquecida bem quente por 6–7 minutos de cada lado, pincelando-os na metade do cozimento com um pouco do molho. Sirva com o molho restante.

# Cordeiro assado ao estilo mediterrâneo

O pernil de cordeiro, quando desossado, absorve mais os temperos do recheio. Esta receita faz com que a carne fique levemente rosada após assada – para um cordeiro bem-passado, asse-o em temperatura baixa por 30 minutos antes de acrescentar as batatas.

**Tempo de preparo** 25 minutos
**Tempo de cozimento** 2 horas e 15 minutos
**Rendimento** 6 porções

50 g de tomate seco em conserva, escorrido
100 g de berinjela em conserva, escorrida
7 colheres (sopa) de azeite
2 cebolas roxas picadas
6 dentes de alho cortados em fatias finas
75 g de pinholes
1 pernil de cordeiro com cerca de 1,5 kg, parcialmente desossado
1,5 kg de batatas grandes, cortadas em cubinhos de 2 cm
1 colher (sopa) de alecrim picado
300 ml de Caldo de Cordeiro (ver pág. 18) ou vinho branco
sal e pimenta-do-reino

1. Pique bem o tomate e a berinjela. Aqueça 2 colheres (sopa) do azeite em uma frigideira e frite 1 cebola até ficar macia. Acrescente o tomate, a berinjela, metade do alho e metade dos pinholes e tempere. Misture bem.

2. Recheie o cordeiro com esse refogado e feche a abertura com espetinhos. Escalde as batatas em água fervente com um pouco de sal por 5 minutos. Misture o alecrim e o restante da cebola picada, dos pinholes e do azeite. Junte as batatas, misture bem e tempere com sal e pimenta-do-reino.

3. Faça pequenas incisões na carne e insira uma fatia de alho em cada uma. Asse em um forno preaquecido, a 220ºC, por 30 minutos. Espalhe a mistura de batatas em volta do cordeiro, reduza a temperatura do forno para 160ºC e cozinhe por 1 hora e 15 minutos, virando as batatas uma vez.

4. Escorra e transfira para uma travessa. Acrescente o caldo ou o vinho à assadeira. Deixe ferver, mexendo para desgrudar a crosta, acerte o tempero e sirva.

CARNES, AVES E CAÇA 185

# Cordeiro indiano com molho de amêndoas

Esta receita é uma versão rápida e fácil do roghan josh indiano, com seus pedaços macios de cordeiro envoltos em um curry picante e amendoado. Como a maioria dos pratos apimentados, fica bom quando reaquecido.

**Tempo de preparo** 25 minutos
**Tempo de cozimento** 1 hora e 15 minutos
**Rendimento** 5–6 porções

750 g de pescoço de cordeiro desossado
10 bagas de cardamomo
1 colher (sopa) de sementes de cominho
3 colheres (sopa) de óleo
1 pimenta vermelha fresca, sem sementes, picada
1 colher (sopa) de coco ralado seco
50 g de amêndoas sem pele picadas
40 g de gengibre fresco ralado
4 dentes de alho picados
1 colher (chá) de cúrcuma em pó
1 cebola bem picada
4 colheres (sopa) de iogurte natural
500 g de tomates sem pele (ver pág. 17), picados
sal
arroz para servir

1. Corte o cordeiro em cubinhos, descarte a gordura e seque bem. Triture o cardamomo e as sementes de cominho, descartando a casquinha do cardamomo. Aqueça o óleo em uma frigideira grande de fundo grosso e frite a pimenta, o cardamomo e o cominho em fogo baixo.

2. Junte metade do cordeiro e refogue, mexendo sempre, até ficar bem dourado. Escorra e transfira para uma panela grande. Refogue o restante e coloque na panela.

3. Coloque o coco ralado e as amêndoas na frigideira e frite até ficarem levemente dourados. Transfira para um liquidificador ou processador de alimentos e junte o gengibre, o alho, a cúrcuma, a cebola e 6 colheres (sopa) de água. Bata até virar uma pasta. Leve de volta à frigideira, adicione o iogurte e cozinhe por 5 minutos.

4. Adicione 150 ml de água e despeje o molho sobre o cordeiro. Acrescente os tomates. Tampe e cozinhe em fogo baixo por cerca de 1 hora, ou até o cordeiro ficar macio. Tempere com sal e sirva com arroz.

## Carré de cordeiro com salsa de abacaxi

O forte sabor da salsa de abacaxi dá um toque fresco de verão a este prato de cordeiro, que fica irresistível quando servido com cuscuz ao vapor. Use um abacaxi bem maduro, que será mais doce e macio.

**Tempo de preparo** 10 minutos
**Tempo de cozimento** 25 minutos
**Rendimento** 4 porções

2 colheres (chá) de tomilho fresco picado
2 carrés de cordeiro com cerca de 550 g cada
sal e pimenta-do-reino

Salsa
½ abacaxi pequeno
raspas e suco de 1 limão
2 colheres (chá) de açúcar demerara ou orgânico
1 ramo de cebolinha verde bem picado
1 pimenta vermelha fresca, sem sementes, cortada em fatias
3 colheres (sopa) de coentro grosseiramente picado

1. Misture o tomilho com bastante sal e pimenta-do-reino e espalhe sobre as costeletas. Em uma assadeira, coloque os dois carrés de forma que os ossos se encaixem. Asse em um forno preaquecido, a 200°C, por 25 minutos. Cubra e deixe descansar por 15 minutos.

2. Enquanto isso, prepare a salsa. Descarte a casca e o miolo do abacaxi e pique-o.

3. Em uma tigela, misture as raspas e o suco de limão com o açúcar, até este dissolver. Acrescente o abacaxi, a cebolinha, a pimenta fresca, o coentro e um pouco de sal. Mexa bem e transfira para uma travessa pequena.

4. Para cortar o cordeiro, transfira-o para uma travessa ou uma tábua de carne e separe as duas peças de carré. Corte entre os ossos para obter as costeletas, transfira-as para pratos individuais e sirva com a salsa.

# Cordeiro ao molho de chocolate

Deixe a carne marinar por pelo menos um dia – de preferência dois – para que tenha bastante tempo para amaciar e absorver todos os sabores da vinha-d'alho.

**Tempo de preparo** 25 minutos, mais o tempo para marinar
**Tempo de cozimento** 2 horas
**Rendimento** 6 porções

6 stinchi de cordeiro*
2 cebolas
8 raminhos de tomilho
2 folhas de louro
2 colheres (chá) de chocolate em pó
450 ml de vinho tinto
3 dentes de alho
1 colher (chá) de pimenta-do-reino preta em grãos
4 colheres (sopa) de azeite
200 g de minicenouras
150 g de fava fresca
6 nozes verdes em conserva** cortadas ao meio
25 g de chocolate amargo picado
salsinha para decorar
sal

1 Coloque o cordeiro em uma bacia rasa e grande o bastante para acomodar os pedaços bem próximos uns aos outros em uma camada só. Corte uma das cebolas em pedaços grandes e bata em um liquidificador ou processador de alimentos com o tomilho, o louro, o chocolate em pó, o vinho, o alho e a pimenta-do-reino preta, até obter uma pasta grossa. Despeje sobre a carne. Cubra e deixe tomar gosto por 24–48 horas – vire a carne várias vezes para distribuir bem o tempero.

2 Escorra (reserve a marinada) e seque bem com toalha de papel. Aqueça o azeite em uma frigideira grande e frite os pedaços de carne, virando sempre, por cerca de 10 minutos, ou até que estejam bem dourados. Transfira para um refratário raso ou uma assadeira.

3 Pique bem a cebola restante e refogue na frigideira por 3 minutos. Peneire a marinada, coloque-a na frigideira e espere levantar fervura. Despeje sobre o cordeiro, tampe ou cubra com papel-alumínio. Leve a um forno preaquecido, a 160°C, por 1 hora e 30 minutos, ou até que a carne esteja macia. Espalhe as cenouras, as favas e as nozes verdes entre os pedaços de cordeiro e leve ao forno por mais 15 minutos, ou até que estejam macias.

4 Transfira para os pratos em que vai servir, deixando o caldo na assadeira. Acrescente o chocolate a esse caldo e mexa até derreter. Acerte o tempero e transfira para uma molheira. Sirva o cordeiro regado com o molho de chocolate e salpicado com a salsinha.

*N.T.: Stinco (stinchi no plural, pois é uma palavra italiana) é a pontinha do pernil, com o osso; se não encontrar, use ponta de paleta ou ossobuco.

**N.T.: Procure em casas de importados. Caso não encontre, substitua por nozes secas e algumas gotas de um vinagre de boa qualidade, de preferência aromatizado com nozes.

CARNES, AVES E CAÇA 189

# Frango assado na panela com lentilha

Este prato é uma variação do tradicional frango assado. Sirva com batatas assadas e alguma verdura salteada, ou acompanhado de uma salada de tomate ou ervas variadas para uma refeição mais leve.

**Tempo de preparo** 15 minutos
**Tempo de cozimento** 2 horas
**Rendimento** 4 porções

1 frango com cerca de 1,5 kg
25 g de manteiga
2 colheres (sopa) de azeite
1 cebola cortada em rodelas
3 talos de salsão picados
4–6 dentes de alho amassados
250 ml de vinho branco seco
3 folhas de louro
raminhos de tomilho
150 g de lentilha du Puy*
2 colheres (sopa) de alcaparras (enxágüe bem se forem conservadas em sal)
4 colheres (sopa) de salsinha picada
100 g de crème fraîche
sal e pimenta-do-reino

1 Tempere o frango com sal e pimenta-do-reino. Derreta a manteiga e o azeite em uma frigideira e doure bem o frango. Transfira para uma caçarola grande que possa ir ao forno ou uma assadeira funda com tampa.

2 Junte a cebola e o salsão à frigideira e frite por 6–8 minutos, ou até ficarem ligeiramente dourados. Acrescente o alho, o vinho, o louro e o tomilho e despeje sobre o frango. Tampe e leve a um forno preaquecido, a 160°C, por 1 hora.

3 Enquanto isso, enxágüe a lentilha, coloque em uma panela com bastante água fria e leve ao fogo. Depois que ferver, cozinhe em fogo alto por 10 minutos. Escorra bem. Arrume a lentilha ao redor do frango e leve ao forno por mais 45 minutos.

4 Transfira o frango para uma travessa aquecida e cubra com papel-alumínio. Misture bem as alcaparras, a salsinha e o crème fraîche. Leve ao fogo, mexendo, até aquecer por igual. Acerte o tempero e sirva com o frango.

*N.T.: De origem francesa, é verde-escuro acinzentada, mais saborosa que a lentilha comum e não desmancha depois de cozida. Se não encontrar, substitua por lentilha comum, mas observe o tempo de cozimento indicado na embalagem do produto.

# Curry de frango à tailandesa

Como muitos curries tailandeses, este também é rápido, fácil e repleto de ingredientes aromáticos e deliciosos. Sirva em tigelas acompanhado do perfumado arroz tailandês.

**Tempo de preparo** 25 minutos
**Tempo de cozimento** 40 minutos
**Rendimento** 4 porções

1 kg de sobrecoxas de frango desossadas e sem a pele
300 ml de Caldo de Galinha (ver pág. 18)
400 ml de leite de coco
3 colheres (sopa) de óleo

Pasta de curry
5 cm de galanga* ou gengibre frescos
1 pimenta vermelha fresca, sem sementes, cortada em fatias
1 talo de capim-limão (só a parte branca)
2 dentes de alho cortados em fatias
1 cebola pequena grosseiramente picada
um punhado de coentro fresco
1 colher (chá) de pasta de camarão tailandesa
½ colher (chá) de cúrcuma em pó
1 colher (chá) de sementes de cominho
2 colheres (chá) de açúcar mascavo escuro
uma pitada de sal

1. Prepare a pasta de curry. Descasque e pique grosseiramente a galanga ou o gengibre e coloque em um liquidificador ou processador de alimentos com os demais ingredientes da pasta. Bata até obter uma pasta grossa, raspando as laterais do recipiente, se necessário.

2. Corte o frango em pedaços pequenos e coloque em uma panela de fundo grosso com o caldo de galinha e o leite de coco. Quando ferver, reduza o fogo e deixe cozinhar por 30 minutos.

3. Aqueça o óleo em uma frigideira e refogue a pasta de curry até começar a dourar.

4. Junte 2 conchas cheias da mistura de leite de coco ao refogado, batendo até ficar homogêneo, e despeje sobre o frango. Cozinhe em fogo baixo por 5 minutos. Acerte o tempero e sirva.

*N.T.: Raiz semelhante ao gengibre, pode ser encontrada fresca ou em pó em mercados orientais.

# Pato crocante aromático

Esta é uma versão simplificada da técnica tradicional para cozinhar um pato chinês macio e aromático. A ave é assada lentamente no vapor do forno, tornando-se suculenta e ao mesmo tempo crocante.

**Tempo de preparo** 30 minutos, mais o tempo para marinar
**Tempo de cozimento** 3 horas e 30 minutos
**Rendimento** 4 porções

1 pato com cerca de 2 kg
1 colher (sopa) de pimenta Szechuan*
2 colheres (sopa) de mistura de 5 especiarias**
2 colheres (sopa) de sal grosso
4 colheres (sopa) de óleo
8 panquecas mu shu***
molho hoisin****
½ pepino cortado em palitinhos bem finos
um maço de cebolinha picado finamente

1. Enxágue o pato e seque-o com toalha de papel. Moa os grãos de pimenta e misture com a mistura de 5 especiarias e o sal. Espalhe essa mistura pelo pato, envolva-o em filme plástico e deixe na geladeira por uma noite.

2. Coloque o pato em uma assadeira com grade, com cerca de 5 cm de água fervente, e cubra com papel-alumínio, sem deixar que encoste na pele do pato. Com cuidado, coloque o pato em um forno preaquecido, a 150°C, e asse por 2 horas e 30 minutos. Aumente a temperatura para 180°C.

3. Retire o líquido da assadeira, pincele o pato com óleo e leve de volta ao forno, descoberto, por mais 1 hora, ou até a pele ficar crocante.

4. Deixe-o descansar por 20 minutos e depois corte a carne em pequenos pedaços. Reaqueça as panquecas de acordo com as instruções da embalagem e sirva com o pato, o molho hoisin, o pepino e a cebolinha.

*N.T.: Pode ser encontrada em mercados orientais.

**N.T.: Tempero em pó feito com canela, cravo, sementes de erva-doce, anis-estrelado e pimenta Szechuan em partes iguais; pode ser encontrado em mercados orientais.

***N.T.: As panquecas chinesas mu shu já vêm prontas – basta aquecer antes de servir; podem ser encontradas em mercados orientais.

****N.T.: Vendido também com o nome de Pekin Sauce, é um molho espesso, de coloração marrom-avermelhada, feito de soja fermentada e temperos – procure em casas de produtos orientais.

CARNES, AVES E CAÇA   193

## Confit de pato

O confit é a forma tradicional francesa de conservar a carne de pato sem refrigeração por vários meses. Caso não encontre gordura de ganso, utilize banha de porco.

**Tempo de preparo** 30 minutos, mais o tempo para esfriar
**Tempo de cozimento** 2 horas
**Rendimento** 6 porções

6 jogos grandes de coxa e sobrecoxa de pato, com cerca de 300 g cada
25 g de sal grosso
1 colher (chá) de tomilho bem picado
6 dentes de alho amassados
625 g de gordura de pato ou ganso
2 chalotas* bem picadas
300 ml de vinho do porto
100 ml de suco de laranja espremido na hora
pimenta-do-reino

1. Faça um corte na junção da coxa e sobrecoxa de cada jogo. Retire o osso da sobrecoxa e descarte. Misture o sal, o tomilho e o alho. Tempere com pimenta e esfregue na pele do pato. Cubra e leve à geladeira por 24–48 horas.

2. Retire o excesso de tempero da carne e reserve. Derreta 1 colher (sopa) da gordura em uma frigideira de fundo grosso e frite as coxas de ambos os lados até ficarem douradas. Transfira para uma assadeira em que os pedaços possam ser acomodados em uma camada só e bem próximos uns dos outros. Junte o tempero reservado e o restante da gordura (se estiver sólida, derreta-a em fogo baixo antes de despejar). Cubra com papel-alumínio e cozinhe em um forno preaquecido, a 150ºC, por 1 hora e 30 minutos. Deixe esfriar na gordura.

3. Coloque as coxas em um recipiente, cubra com a gordura e conserve em um lugar bem fresco por até 2 meses.

4. Retire o máximo de gordura do pato e coloque-o em uma assadeira. Asse em um forno preaquecido, a 200ºC, por 20 minutos, ou até ficar completamente aquecido. Transfira o pato para uma travessa. Escorra o excesso de gordura da assadeira e frite as chalotas até ficarem macias. Acrescente o vinho do porto e o suco de laranja e deixe apurar até reduzir para dois terços. Tempere e coloque sobre o pato.

*N.T.: Também conhecidas como echalotas ou "cebolinhas de cabeça", têm sabor suave, são pequenas e nascem em forma de bulbo, como o alho – se não encontrar, substitua pela parte branca da cebolinha (escolha as maiores).

# Pato marinado com molho de gengibre

Embora marcadamente achocolatado, este fabuloso molho tem um frescor que é um complemento perfeito para a untuosidade do pato.

**Tempo de preparo** 20 minutos, mais o tempo para marinar
**Tempo de cozimento** 40 minutos
**Rendimento** 4 porções

4 peitos grandes de pato
1 cebola cortada em rodelas
1 talo de salsão picado
4 colheres (sopa) de mel
50 g de gengibre fresco ralado
3 colheres (sopa) de suco de limão
1 colher (sopa) de shoyu
2 colheres (chá) de mistura de 5 especiarias*
1 colher (sopa) de óleo de amendoim
15 g de chocolate amargo sem açúcar picado

1. Com uma faca afiada, faça vários cortes em cada peito de pato. Espalhe a cebola e o salsão em uma travessa rasa não-metálica e coloque o pato por cima.

2. Misture o mel, o gengibre, o suco de limão, o shoyu e a mistura de 5 especiarias e despeje sobre o pato. Cubra e deixe marinar na geladeira por no mínimo 6 horas, ou durante a noite, virando uma vez.

3. Escorra a marinada, coe em uma tigela pequena e reserve. Enxugue o pato com toalha de papel. Aqueça o óleo em uma frigideira de fundo grosso e frite os pedaços de pato, com a pele virada para baixo, por 5 minutos, até dourarem. Transfira para uma assadeira e asse em um forno preaquecido, a 180°C, por cerca de 30 minutos, ou até que estejam macios. Transfira para uma travessa aquecida e escorra toda a gordura da fôrma.

4. Adicione o marinado reservado à fôrma e leve ao fogo alto para ferver. Reduza o fogo e junte o chocolate, mexendo até obter um molho liso e acetinado. Espalhe sobre os peitos de pato e sirva.

*N.T.: Tempero em pó feito com canela, cravo, sementes de erva-doce, anis-estrelado e pimenta Szechuan em partes iguais; pode ser encontrado em mercados orientais.

## Torta festiva de carne de caça

Perfeita para ser preparada com antecedência, esta torta pode ficar por uma noite na geladeira, pronta para ser levada ao forno no dia seguinte. Sirva o molho que sobrar em uma molheira à parte.

**Tempo de preparo** 45 minutos, mais o tempo para esfriar
**Tempo de cozimento** cerca de 1 hora e 30 minutos
**Rendimento** 8 porções

450 g de lingüiça moída
2 cebolas bem picadas
2 colheres (chá) de tomilho picado
75 g de manteiga
400 g de carne magra de peru cortada em cubinhos
4 peitos de pombo fatiados
500 g de faisão cortado em cubinhos
2 talos de salsão fatiados finamente
3 dentes de alho amassados
3 colheres (sopa) de farinha de trigo
900 ml de Caldo de Galinha (ver pág. 18)
200 g de castanhas portuguesas cozidas e sem a pele
400 g de massa podre (ver pág. 46), descongelada
ovo batido para pincelar

1. Misture a lingüiça com 1 cebola e um pouco de tomilho. Faça 18 bolinhas.

2. Derreta 25 g da manteiga em uma frigideira e frite as bolinhas de carne até dourarem; escorra. Refogue as outras carnes, em pequenas porções, até dourarem, adicionando mais manteiga se necessário. Escorra.

3. Coloque o restante da manteiga na frigideira e frite a cebola restante, o salsão e o alho. Junte a farinha e, em seguida, o caldo de galinha e espere ferver. Cozinhe por 4–5 minutos.

4. Misture as carnes e as castanhas em uma refratário com capacidade para 2 L e despeje o caldo por cima, deixando 2 cm de espaço até a borda. Deixe esfriar.

5. Abra a massa para cobrir a torta com um rolo em uma superfície enfarinhada (ver pág. 43). Cubra a torta e asse em um forno preaquecido, a 190ºC, por 1 hora. Se a massa começar a ficar muito escura, cubra-a com papel-alumínio.

CARNES, AVES E CAÇA 197

# Codornas com limão, pimenta e gengibre

Esta receita de fácil preparo é fantástica para ser preparada com várias horas de antecedência (ou até um dia antes), de forma que fique pronta para ser assada rapidamente.

**Tempo de preparo** 15 minutos, mais o tempo para marinar
**Tempo de cozimento** 20 minutos
**Rendimento** 2 porções

4 codornas
1 pimenta vermelha fresca, sem sementes, bem picada
2 dentes de alho amassados
15 g de gengibre fresco ralado
2 colheres (sopa) de mel
1 colher (sopa) de açúcar mascavo claro
suco de 1 limão
2 colheres (sopa) de óleo, mais um pouco para fritar
500 g de batatas-doces de polpa alaranjada bem lavadas
sal e pimenta-do-reino

1. Corte as pontas das asas das codornas com uma tesoura e depois abra-as pelas costas, recortando e descartando a espinha dorsal para, em seguida, achatá-las (ver pág. 31). Coloque-as em um refratário raso em que caibam bem próximas umas das outras.

2. Misture a pimenta, o alho, o gengibre, o mel, o açúcar, o suco de limão, o sal, a pimenta-do-reino e 2 colheres (sopa) de óleo e mexa bem. Coloque essa mistura sobre as codornas, cubra com filme plástico e leve à geladeira até o momento de assar.

3. Retire o filme plástico e asse as codornas em um forno preaquecido, a 200°C, por 20 minutos, até começarem a dourar. Enquanto isso, corte as batatas em rodelas finas.

4. Aqueça o óleo (uma camada de cerca de 2 cm de profundidade) em uma frigideira com um palito de fósforo dentro – quando acender, estará no ponto. Frite as batatas em duas etapas, até ficarem douradas. Escorra em toalha de papel.

5. Transfira as codornas e as batatas para pratos aquecidos e despeje os sucos do cozimento das aves sobre elas.

# Perdiz defumado no chá

Perfumadas folhas de chá produzem uma defumação saborosa em carnes de caça mais suaves, assim como em aves mais comuns, como frango ou galinha d'angola.

**Tempo de preparo** 20 minutos
**Tempo de cozimento** 35 minutos
**Rendimento** 4 porções

8 peitos de perdiz sem a pele
3 colheres (sopa) de folhas de um chá forte (chá preto com jasmim, por exemplo)
3 colheres (sopa) de açúcar demerara
200 g de um arroz perfumado (jasmim ou basnati, por exemplo), mais 4 colheres (sopa)
2 colheres (sopa) de óleo de gergelim
2 colheres (sopa) de mel
2 colheres (sopa) de shoyu
5 colheres (sopa) de vinagre de arroz para sushi*
100 g de cogumelo pleurotus fresco
40 g de gengibre fresco ralado
1 colher (sopa) de sementes de gergelim tostadas
um maço de cebolinha verde bem picada
3 colheres (sopa) de folhas de manjericão roxo ou comum

1. Faça pequenos cortes transversais nos peitos de perdiz. Forre uma panela wok até a metade da altura com papel-alumínio. Coloque as folhas de chá, o açúcar e as 4 colheres (sopa) do arroz. Aqueça a panela até a mistura começar a soltar fumaça.

2. Encaixe a grade da panela wok e coloque nela o perdiz. Pincele com 1 colher (sopa) do óleo de gergelim, tampe e deixe defumar por 20 minutos.

3. Misture o óleo restante com o mel, o shoyu e 3 colheres (sopa) do vinagre em um refratário pequeno. Junte o cogumelo. Coloque o perdiz e mexa bem para que pegue o tempero. Asse em um forno preaquecido, a 180°C, por 15 minutos, ou até ficar macio.

4. Enquanto isso, cozinhe o arroz em água fervente, sem refogar. Escorra e misture com o gengibre, as sementes de gergelim, a cebolinha, o manjericão e o vinagre restante. Distribua em pratos individuais, coloque o perdiz e os cogumelos e despeje o caldo por cima.

*N.T.: Vinagre de arroz previamente temperado para o preparo de sushi. Se não encontrar, substitua por ¾ de xícara de vinagre temperado com ¼ de xícara de açúcar e 2 colheres (chá) rasas de sal.

## Tirinhas de peru ao molho creole

Fritar os pedaços de peru empanados em uma farinha crocante e condimentada ajuda a manter a carne úmida e suculenta. O molho de abacaxi e pimentão acrescenta um delicioso contraste tanto à textura quanto ao sabor do prato.

**Tempo de preparo** 25 minutos
**Tempo de cozimento** 25 minutos
**Rendimento** 4 porções

500 g de filé de peito de peru
½ colher (chá) de páprica
1 colher (sopa) de farinha de trigo
1 ovo batido
100 g de farinha de rosca grossa
óleo para fritar
sal

Molho creole
2 colheres (sopa) de óleo
1 cebola picada
2 pimentões vermelhos, sem semente, picados
2 dentes de alho amassados
500 g de tomates sem pele (ver pág. 17), picados
1 abacaxi doce pequeno, descascado, sem o miolo e picado
2 colheres (chá) de molho Tabasco
1–2 colheres (chá) de açúcar (opcional)

1. Corte os filés de peru na diagonal em tiras de 1 cm. Misture a páprica, a farinha de trigo e um pouco de sal e passe as tirinhas nesta mistura.

2. Mergulhe as tirinhas de peru no ovo batido e depois passe na farinha de rosca até ficarem bem empanadas.

3. Prepare o molho. Aqueça o óleo em uma frigideira grande e frite a cebola e os pimentões em fogo baixo por 5–8 minutos, até ficarem macios. Coloque o alho, os tomates, o abacaxi, o molho Tabasco e um pouco de sal e cozinhe em fogo baixo por 10 minutos, mexendo sempre, até ficar encorpado. Adicione um pouco de açúcar ao molho se o abacaxi não estiver muito doce.

4. Aqueça o óleo (uma camada de cerca de 1 cm de profundidade) em uma frigideira com um palito de fósforo dentro – quando acender, estará no ponto. Frite as tirinhas de peru, metade por vez, até ficarem douradas, virando-as uma vez. Escorra e sirva com o molho.

# Molho satay

Este molho de amendoim é deliciosamente substancioso e picante. Na culinária tailandesa, é servido como acompanhamento do prato principal, mas fica bom também como molho para mergulhar pequenos espetinhos de frango, carne de porco ou peixe.

**Tempo de preparo** 10 minutos
**Tempo de cozimento** 7 minutos
**Rendimento** 4–6 porções

1 talo de capim-limão (só a parte branca)
1 cebola pequena picada
2 dentes de alho picados
1 colher (chá) de pasta de camarão tailandesa ou nam pla*
1 colher (chá) de pasta de tamarindo**
1 pimenta vermelha, sem sementes, picada
2 colheres (sopa) de água
1 colher (sopa) de açúcar mascavo claro
200 ml de leite de coco
175 g de pasta de amendoim cremosa ou crocante***
1 colher (sopa) de shoyu

1. Apare as extremidades do capim-limão e retire as folhas danificadas da parte externa. Corte em rodelas bem finas.

2. Coloque o capim-limão, a cebola, o alho, a pasta de camarão ou o nam pla, a pasta de tamarindo e a pimenta vermelha em um processador de alimentos ou liquidificador. Adicione a água e o açúcar e bata até formar uma pasta, raspando as laterais do recipiente se necessário.

3. Transfira para uma panela com o leite de coco. Aqueça até quase o ponto de fervura (observando atentamente para que o leite de coco não derrame), abaixe o fogo e cozinhe por 5 minutos.

4. Junte a pasta de amendoim e o shoyu e cozinhe por 2 minutos, ou até o molho ficar encorpado. Acerte o tempero e, se preferir, acrescente mais algumas gotas de shoyu. Se estiver muito grosso, coloque um pouco mais de leite de coco. Transfira para uma molheira; sirva quente.

*N.T.: Molho à base de peixe fermentado, típico da culinária tailandesa; pode ser encontrado em casas de produtos orientais.

**N.T.: Tamarindos inteiros, sem a casca, prensados em blocos. Se não encontrar, use a polpa da fruta, dobrando a quantidade, ou a própria fruta in natura.

***N.T.: Se não encontrar, bata em um processador de alimentos amendoim com óleo de amendoim – 1 colher (sopa) por xícara – e uma pitada de sal.

# SOBREMESAS

# Blueberries ao kirsch

Estes blueberries – mirtilos, em português – ficam irresistíveis quando servidos sobre sorvete ou acompanhando panquecas ao estilo americano. Para um delicioso recheio de bolo, misture-os com chantilly.

**Tempo de preparo** 10 minutos, mais o tempo para curtir
**Tempo de cozimento** 400 g

175 g de blueberries
50 g de açúcar refinado
100 ml de kirsch*

1. Descarte os blueberries que estiverem muito moles. Fure os demais com um garfo.
2. Em um vidro seco e limpo, arrume as frutinhas em camadas, intercalando com o açúcar.
3. Regue com o kirsch.
4. Feche bem o vidro, chacoalhe uma ou duas vezes e deixe em local fresco. Durante 4 dias, vire o vidro de cabeça para baixo uma vez por dia, até que o açúcar tenha dissolvido completamente. Cole uma etiqueta marcando a data e o conteúdo e deixe curtir em local fresco e escuro por 3–4 semanas antes de usar, ou armazene por até 12 meses.

*N.T.: Aguardente incolor obtida de cerejas silvestres. Com uma graduação alcoólica de 40°, é produzida na Suíça e nas regiões da Alsácia francesa e da Floresta Negra alemã.

## Panna cotta de pimenta-rosa com molho de morangos

A idéia de temperar pratos de frutas com pimenta é bem tradicional, por isso não se espante. A pimenta pode ser omitida se desejar um sabor mais suave.

**Tempo de preparo** 20 minutos, mais o tempo para gelar
**Tempo de cozimento** 3 minutos
**Rendimento** 6 porções

1 colher (chá) de pimenta-rosa em grãos
1 colher (chá) de gelatina em pó sem sabor
250 g de queijo mascarpone
300 ml de creme de leite fresco
150 g de chocolate branco picado
300 g de morangos
2–3 colheres (sopa) de açúcar de confeiteiro

**Para decorar**
**rabiscos de chocolate (ver págs. 56-57)**
**morangos frescos**

1. Lave e seque os grãos de pimenta, se forem em conserva. Use um pilão para socá-los até ficarem bem moídos. Coloque a gelatina com 2 colheres (sopa) de água em uma tigela pequena e deixe de molho por 5 minutos. Unte, levemente, com óleo, 6 forminhas de 125 ml.

2. Coloque o mascarpone em uma panela média com o creme de leite e a pimenta moída; leve ao fogo até ferver, mexendo até obter um creme liso. Retire do fogo e adicione a gelatina. Mexa até dissolvê-la (cerca de 1 minuto) e depois adicione o chocolate. Deixe repousar até que esteja derretido.

3. Coloque a mistura em uma jarra e despeje nas forminhas, mexendo para distribuir as pimentas uniformemente entre as forminhas. Leve à geladeira por várias horas ou de um dia para o outro, para ficar bem firme.

4. Bata os morangos em um processador de alimentos com um pouco do açúcar de confeiteiro e 1 colher (sopa) de água, até obter um purê. Prove e, se necessário, coloque mais açúcar.

5. Solte as bordas das forminhas com a ponta de uma faca e vire o creme sobre pratinhos individuais. Espalhe o molho em volta e decore com rabiscos de chocolate e morangos.

## Bolo-torta de chocolate com calda de licor de laranja

Este bolo de chocolate cresce enquanto está assando e abaixa de novo depois de assado. Não se preocupe: a densidade úmida da mistura torna-o absolutamente delicioso.

**Tempo de preparo** 20 minutos
**Tempo de cozimento** 30 minutos
**Rendimento** 8 porções

250 g de chocolate amargo picado
125 g de manteiga sem sal
1 colher (chá) de essência de baunilha
6 ovos médios, gemas separadas
125 g de açúcar mascavo claro
250 ml de coalhada seca*
raspas e suco de ½ laranja
2 colheres (sopa) de licor de laranja
2 colheres (sopa) de açúcar de confeiteiro
curvas de chocolate (ver pág. 57) para decorar

1  Unte com manteiga e forre com papel-manteiga uma fôrma de fundo removível de 23 cm de diâmetro, depois unte também o papel. Derreta o chocolate e a manteiga em uma tigela pequena e junte a essência de baunilha.

2  Bata as gemas com 100 g de açúcar em uma tigela grande por 3–4 minutos, até obter um creme bem firme e esbranquiçado que deixa uma marca na superfície ao cair das pás da batedeira. Junte com cuidado a mistura de chocolate.

3  Bata as claras em uma tigela grande em ponto de neve firme. Aos poucos, adicione o restante do açúcar, batendo sempre. Misture ¼ das claras em neve à mistura de chocolate, mexa delicadamente e depois incorpore o restante.

4  Coloque a massa na fôrma e asse em um forno preaquecido, a 160°C, por 30 minutos, ou até que esteja crescida e fofa.

5  Enquanto isso, bata a coalhada, as raspas e o suco de laranja, o licor e o açúcar de confeiteiro até obter uma mistura lisa e homogênea. Leve-a à geladeira para gelar. Deixe o bolo esfriar na fôrma por 10 minutos antes de servir com o creme de laranja e as curvas de chocolate.

*N.T.: Se não encontrar, compre o dobro da quantidade de iogurte natural e deixe escorrer em um coador de café ou em uma peneira forrada com gaze de um dia para o outro.

## Sorvete de coco com raspas de limão

Uma sobremesa deliciosa de sorvete de coco aromatizado com limão e pedaços de chocolate escuro, que pode ser feita com antecedência.

**Tempo de preparo** 30 minutos, mais o tempo para congelar
**Tempo de cozimento** 3 minutos
**Rendimento** 8 porções

6 gemas
175 g de açúcar refinado
2 colheres (chá) de amido de milho
800 ml de leite de coco
raspas e suco de 4 limões
200 g de chocolate amargo picado
450 ml de creme de leite fresco
chocolate em pó para polvilhar

1 Bata as gemas, o açúcar e o amido de milho. Aqueça o leite de coco em uma panela até quase atingir o ponto de fervura. Derrame sobre a mistura de gemas, batendo bem. Coloque a mistura na panela e cozinhe em fogo baixo, mexendo sempre, até que esteja levemente espessa. Transfira para uma tigela, cubra com papel-manteiga – coloque-o diretamente sobre a mistura – e deixe esfriar. Adicione as raspas e o suco de limão.

2 Derreta o chocolate (ver pág. 56). Corte 2 pedaços de papel-manteiga de 46 x 33 cm. Coloque metade do chocolate em cada pedaço de papel, espalhando em uma camada o mais fina possível. Deixe esfriar até que esteja bem firme, depois leve à geladeira, curvando as folhas, se necessário.

3 Bata o creme de leite até o ponto de chantilly. Junte à mistura de gemas e leite de coco e congele por 4–6 horas, até que esteja levemente firme. Como alternativa, se você tiver uma sorveteira, misture o creme de leite à mistura e bata até ficar firme.

4 Retire o chocolate do papel, quebrando-o em pedaços irregulares. Reserve alguns pedaços para decorar. Coloque ¼ do sorvete em um recipiente que possa ir ao congelador e espalhe ⅓ do chocolate sobre o sorvete. Repita as camadas e termine decorando com os pedaços de chocolate reservados. Congele até que esteja firme e sirva polvilhado com chocolate em pó.

# Torta de ameixa e limão

As ameixas doces e suculentas e o creme de limão ácido formam uma deliciosa combinação nesta receita. Sirva a torta quente ou fria com chantilly.

**Tempo de preparo** 30 minutos, mais o tempo para esfriar
**Tempo de cozimento** 40–45 minutos
**Rendimento** 6–8 porções

175 g de pâte sucrée (ver pág. 47)
50 g de manteiga em temperatura ambiente
50 g de açúcar refinado
50 g de farinha de semolina
raspas de 1 limão
1 ovo batido
750 g de ameixas maduras, sem o caroço e cortadas ao meio
4 colheres (sopa) de geléia de damasco
chantilly para servir

1. Abra a massa com um rolo em uma superfície levemente enfarinhada e forre com ela uma fôrma de fundo removível de 23 cm de diâmetro. Fure a base da massa com um garfo e leve à geladeira por 30 minutos.

2. Faça o recheio. Bata a manteiga e o açúcar em uma tigela até obter uma mistura leve e fofa. Junte a semolina, as raspas de limão e o ovo e despeje sobre a base da torta.

3. Arrume as ameixas por cima, com a parte cortada voltada para baixo. Asse em um forno preaquecido, a 190°C, por 40–45 minutos, ou até a massa dourar e o recheio ficar firme.

4. Aqueça a geléia em uma panela pequena e peneire-a dentro de uma tigela. Pincele a torta com ela. Sirva o chantilly em um recipiente à parte.

## Torta-flã de maçã

Para uma ocasião especial, coloque algumas gotas de Calvados* sobre as fatias de maçã ao arrumá-las sobre a massa da torta.

**Tempo de preparo** 30 minutos, mais o tempo para esfriar
**Tempo de cozimento** 40–45 minutos
**Rendimento** 8 porções

**250 g de pâte sucrée (ver pág. 47)**
**750 g de maçãs**
**3 colheres (sopa) de suco de limão**
**4 colheres (sopa) de geléia de damasco aquecida e passada na peneira**
**175 ml de creme de leite fresco**
**2 ovos batidos**
**50 g de açúcar**

1. Abra a massa com um rolo em uma superfície levemente enfarinhada e forre com ela uma fôrma de torta de 25 cm de diâmetro. Fure a base da massa com um garfo e leve à geladeira por 30 minutos.

2. Retire as sementes das maçãs. Corte-as em cunhas finas e misture em uma tigela com o suco de limão. Escorra e arrume em círculos concêntricos sobre a base da torta.

3. Pincele as maçãs com a geléia de damasco e asse a torta em um forno preaquecido, a 220°C, por 10 minutos. Reduza a temperatura do forno para 190°C.

4. Bata o creme de leite, os ovos e o açúcar em uma tigela. Despeje com cuidado sobre as maçãs. Leve a torta de volta ao forno e asse por 30–35 minutos, ou até que o recheio esteja cozido e a massa, dourada. Sirva quente.

*N.T.: Aguardente de maçã produzida na região normanda da França, geralmente servida como digestivo.

## Torta-creme de baunilha

A noz-moscada ralada na hora é muito mais saborosa que a noz-moscada comprada em pó. Guarde-a em um recipiente hermeticamente fechado, para que o aroma e o sabor não se dissipem.

**Tempo de preparo** 20 minutos, mais o tempo para esfriar
**Tempo de cozimento** cerca de 1 hora e 10 minutos
**Rendimento** 6 porções

175 g de massa podre (ver pág. 46), descongelada
4 ovos
25 g de açúcar refinado
½ colher (chá) de essência de baunilha
450 ml de leite
noz-moscada ralada na hora

1  Abra a massa com um rolo em uma superfície levemente enfarinhada e forre com ela uma fôrma de torta de 20 cm de diâmetro. Leve à geladeira por 30 minutos. Pré-asse (ver pág. 44) em um forno preaquecido, a 200°C, por 15 minutos. Retire o papel e os pesinhos e asse por mais 5 minutos. Reduza a temperatura do forno para 160°C.

2  Bata levemente os ovos com o açúcar e a essência de baunilha em uma tigela. Aqueça o leite até amornar e incorpore-o à mistura de ovos, batendo bem.

3  Coe o creme dentro da base da torta.

4  Salpique com noz-moscada ralada. Asse no forno por 45–50 minutos, ou até o creme ficar firme e levemente corado. Sirva a torta quente ou fria.

# Rocambole de chocolate e maracujá

Este rocambole de chocolate tem uma textura macia e fofa e uma crosta açucarada, que se quebra quando o pão-de-ló é enrolado, resultando em uma aparência úmida e atraente.

**Tempo de preparo** 20 minutos, mais o tempo para esfriar
**Tempo de cozimento** 20 minutos
**Rendimento** 8 porções

- 175 g de chocolate amargo picado
- 5 ovos, gemas separadas
- 125 g de açúcar refinado, mais um pouco para polvilhar
- 4 maracujás
- 4 colheres (sopa) de geléia de laranja
- 225 ml de creme de leite fresco
- curvas de chocolate (ver pág. 57) para decorar

1. Unte uma fôrma retangular de 33 x 23 cm; forre com papel-manteiga e unte o papel. Derreta o chocolate em uma tigela pequena (ver pág. 56). Bata as gemas e o açúcar por cerca de 3–4 minutos, até obter um creme consistente e esbranquiçado.

2. Com uma colher de metal, incorpore a mistura de gemas e açúcar ao chocolate derretido.

3. Bata as claras em ponto de neve firme, mas não muito firme. Incorpore cerca de ¼ das claras na mistura de chocolate e, com cuidado, junte o restante. Espalhe a mistura uniformemente na fôrma.

4. Asse em um forno preaquecido, a 180°C, por cerca de 20 minutos, até que a massa esteja crescida e firme. Vire o pão-de-ló sobre uma folha de papel-manteiga polvilhada com açúcar e retire, com cuidado, o papel-manteiga da assadeira. Cubra e deixe esfriar. Misture a polpa do maracujá com a geléia de laranja. Bata o creme de leite até o ponto de chantilly mole. Espalhe o chantilly sobre a massa. Distribua a mistura de maracujá e geléia sobre o chantilly. Enrole o rocambole utilizando o papel para apoiar.

5. Coloque em uma travessa, deixando a ponta virada para baixo, e decore com as curvas de chocolate.

# Torta de blueberry

A estação de blueberry (mirtilo, em português) é bastante curta, mas, nesta torta, a fruta congelada produz um resultado tão bom quanto a fresca. O seu sabor é intensificado pelo cozimento.

**Tempo de preparo** 25 minutos, mais o tempo para esfriar
**Tempo de cozimento** 30–35 minutos
**Rendimento** 6 porções

**375 g de pâte sucrée (ver pág. 47)**
**250 g de blueberries frescos ou congelados, descongelados**
**25 g de açúcar refinado**
**leite para pincelar**
**50 g de amêndoas em lascas para decorar**
**creme de leite fresco ou crème fraîche\* para servir**

1. Abra cerca de ⅔ da massa em uma superfície levemente enfarinhada e forre com ela uma fôrma de torta com 23 cm de diâmetro. Leve à geladeira por 30 minutos. Espalhe os blueberries uniformemente sobre a base da torta e polvilhe com o açúcar.

2. Abra o restante da massa e corte em tiras finas.

3. Pincele a borda da torta com água e arrume as tiras de massa sobre as frutinhas, formando uma treliça.

4. Pincele a massa com um pouco de leite e salpique as amêndoas em lascas por toda a superfície.

5. Asse em um forno preaquecido, a 190°C, por 30–35 minutos, ou até a massa dourar e as frutas ficarem macias. Sirva a torta quente ou fria, com creme de leite fresco batido ou crème fraîche.

\*N.T.: Especialidade francesa, é um tipo de creme de leite fermentado. Procure em casas de produtos importados, ou substitua por uma mistura de 4 partes de creme de leite fresco para cada parte de iogurte natural.

# Tarte tatin de figo e chocolate

Inove e facilite seu trabalho fazendo esta deliciosa tarte tatin com massa folhada pronta, entremeada com camadas de chocolate. Sirva quente com uma bola de sorvete ou com chantilly.

**Tempo de preparo** 20 minutos
**Tempo de cozimento** 35 minutos
**Rendimento** 6 porções

100 g de chocolate amargo ralado
1 colher (chá) de especiarias em pó variadas
75 g de açúcar refinado, mais 2 colheres (sopa)
500 g de massa folhada (ver pág. 48), descongelada
75 g de manteiga sem sal, mais um pouco para untar
10 figos frescos cortados em quatro
1 colher (sopa) de suco de limão
sorvete de creme ou chantilly para servir

1. Misture o chocolate, as especiarias e 2 colheres (sopa) de açúcar. Divida a massa em três partes iguais e abra cada uma, em uma superfície levemente enfarinhada, em um círculo de 25 cm de diâmetro – utilize um prato ou uma tigela invertida como molde.

2. Divida a mistura de chocolate ralado sobre 2 discos de massa e espalhe, deixando 2 cm livres nas bordas. Empilhe os discos de massa de modo que o chocolate fique entre os discos. Pressione firmemente as bordas para selar.

3. Unte o fundo e as bordas de uma fôrma redonda de 23 cm de diâmetro e 4 cm de altura (não utilize uma fôrma com fundo removível). Derreta a manteiga em uma frigideira. Adicione o açúcar e aqueça até dissolvê-lo. Acrescente os figos e cozinhe por 3 minutos, ou até que estejam levemente corados e a calda comece a dourar. Junte o suco de limão.

4. Coloque os figos na fôrma untada, distribuindo-os em uma camada homogênea. Disponha a massa recheada com a mistura de chocolate sobre os figos, embutindo as bordas da massa dentro da fôrma, ao redor do recheio. Asse-a em um forno preaquecido, a 200°C, por 30 minutos, ou até que esteja bem crescida e dourada. Deixe descansar por 5 minutos, depois solte as bordas, vire em uma travessa e sirva com sorvete ou chantilly.

# Merengue de limão

Para obter o melhor resultado, bata as claras em uma tigela limpa, seca e sem gordura. Algumas pessoas gostam de adicionar uma pitada de sal ou algumas gotas de suco de limão para dar mais consistência ao merengue.

**Tempo de preparo** 35 minutos, mais o tempo para esfriar
**Tempo de cozimento** 50 minutos
**Rendimento** 6 porções

175 g de pâte sucrée (ver pág. 47)
25 g de amido de milho
100 g de açúcar refinado
raspas de 2 limões
suco de 1 limão
25 g de manteiga cortada em cubinhos
2 gemas

Merengue
3 claras
175 g de açúcar refinado

1. Abra a massa com um rolo em uma superfície levemente enfarinhada e forre com ela uma fôrma de torta com 20 cm de diâmetro. Leve à geladeira por 30 minutos. Em seguida, pré-asse (ver pág. 44) em um forno preaquecido, a 200°C, por 15 minutos. Retire o papel e os pesinhos e asse por mais 5 minutos. Mantenha o forno ligado. Enquanto isso, misture o amido de milho e o açúcar em uma panela. Junte 150 ml de água, as raspas e o suco de limão e misture bem. Deixe ferver, mexendo sempre, até formar um creme espesso e liso.

2. Retire a panela do fogo e adicione a manteiga. Deixe esfriar ligeiramente. Bata as gemas em uma tigela. Acrescente 2 colheres (sopa) do creme, misture e coloque na panela com o creme. Cozinhe, em fogo baixo, até o creme engrossar um pouco mais. Para fazer o merengue, bata as claras em ponto de neve firme, adicione 1 colher (sopa) de açúcar, bata bem e, em seguida, adicione o restante.

3. Despeje o creme de limão sobre a base da torta. Asse por 15 minutos, até o recheio ficar firme. Confira a consistência do merengue – bata mais um pouco se necessário.

4. Espalhe o merengue sobre o recheio. Leve a torta de volta ao forno por 10 minutos, para que ela doure. Sirva quente ou fria.

SOBREMESAS 217

## Zucotto

Para dar o formato de cúpula a esta clássica especialidade italiana, use uma tigela arredondada para montar a sobremesa. Sirva as fatias de zucotto* no café-da-manhã, ou acompanhadas de café, como sobremesa.

**Tempo de preparo** 25 minutos, mais o tempo para esfriar
**Rendimento** 6–8 porções

350 g de pão-de-ló de chocolate, comprado pronto ou feito em casa, cortado em fatias finas
350 ml de creme de leite fresco
4 colheres (sopa) de licor Maraschino ou conhaque
40 g de açúcar de confeiteiro, mais um pouco para polvilhar
75 g de chocolate amargo cortado em pedaços pequenos
50 g de amêndoas inteiras, tostadas e cortadas em pedaços pequenos
50 g de avelãs com a pele, tostadas e picadas
75 g de cerejas em calda, escorridas e cortadas ao meio
chocolate em pó para polvilhar

1. Forre com filme plástico uma vasilha arredondada com capacidade para 1,8 L. Use cerca de ⅔ do bolo para forrar toda a vasilha com uma única camada, arrumando os pedaços de bolo bem próximos uns dos outros. Essa base deve cobrir cerca de ⅔ das laterais da vasilha.

2. Coloque o creme de leite, o licor ou conhaque e o açúcar de confeiteiro em uma vasilha e bata até formar picos moles. Misture o chocolate, as amêndoas, as avelãs e as cerejas.

3. Com a ajuda de uma colher, coloque a mistura sobre a base de bolo de chocolate, nivelando a superfície com uma espátula.

4. Use o restante do bolo para cobrir o recheio. Cubra a vasilha com filme plástico e deixe na geladeira até o dia seguinte.

5. Inverta o bolo em um prato e retire o filme plástico usado para forrar a vasilha. Corte 4 triângulos de papel. Polvilhe o bolo com açúcar de confeiteiro e posicione os triângulos de papel em cima do bolo, de modo que as pontas encontrem-se no centro e formem um desenho parecido com raios de sol. Polvilhe chocolate em pó entre os triângulos e retire-os com cuidado.

*N.T.: Sobremesa tradicional italiana, cujo formato foi inspirado no domo da Catedral de Veneza.

## Linzertorte

Esta deliciosa torta é originária da cidade de Linz, na Áustria. O que a distingue é a massa, feita com amêndoas moídas.

**Tempo de preparo** 25 minutos
**Tempo de cozimento** 25–30 minutos
**Rendimento** 6 porções

150 g de farinha de trigo
½ colher (chá) de canela em pó
75 g de manteiga sem sal cortada em cubinhos
50 g de açúcar refinado
50 g de amêndoas moídas
2 colheres (chá) de raspas de limão
2 gemas grandes
cerca de 1 colher (sopa) de suco de limão
325 g de geléia de framboesa
açúcar de confeiteiro para decorar

1 Peneire a farinha de trigo e a canela em uma tigela. Junte a manteiga e misture com a ponta dos dedos até obter uma farofa. Acrescente o açúcar, a amêndoa e as raspas de limão.

2 Ligue a massa com as gemas e uma quantidade suficiente de suco de limão para obter uma massa consistente. Transfira-a para uma superfície enfarinhada e sove ligeiramente.

3 Abra ⅔ da massa com um rolo e forre com ela uma fôrma desmontável com bordas onduladas de 18–20 cm de diâmetro, untada. Certifique-se de que a massa esteja em uma espessura uniforme. Apare o excesso da borda. Recheie a torta com a geléia de framboesa.

4 Abra o restante da massa e as aparas e corte tiras compridas com o auxílio de uma carretilha ou de uma faca. Faça uma treliça sobre a geléia.

5 Asse em um forno preaquecido, a 190°C, por 25–30 minutos, até dourar. Deixe esfriar e remova o aro da fôrma. Polvilhe com açúcar de confeiteiro antes de servir.

# Torta aveludada de chocolate

Esta massa podre amanteigada de chocolate é uma variação interessante da massa podre tradicional. Decore com espirais de chantilly para dar um toque sofisticado e irresistível.

**Tempo de preparo** 35 minutos, mais o tempo para esfriar
**Tempo de cozimento** 22 minutos
**Rendimento** 10 porções

Massa podre de chocolate
**175 g de farinha de trigo**
**2 colheres (chá) de chocolate em pó**
**125 g de manteiga sem sal cortada em cubinhos**
**25 g de açúcar refinado**

Recheio
**4 colheres (chá) de gelatina em pó sem sabor**
**125 g de açúcar refinado**
**3 gemas**
**1 colher (sopa) de amido de milho**
**600 ml de leite**
**2 colheres (sopa) de pó de café fino**
**50 g de chocolate amargo picado**
**lâminas de chocolate (ver pág. 57) para decorar**

1  Faça a massa podre. Misture a farinha de trigo com o chocolate em pó, depois acrescente a manteiga. Coloque o açúcar e amasse até formar uma massa.

2  Pressione a massa sobre a base e as laterais de uma fôrma de torta funda de 20 cm de diâmetro com bordas onduladas. Asse por 20 minutos em um forno preaquecido, a 180°C, e deixe esfriar.

3  Dissolva a gelatina em 3 colheres (sopa) de água fria. Bata o açúcar, as gemas, o amido de milho e 2 colheres (sopa) de leite. Ferva o restante do leite com o pó de café e despeje sobre a mistura de ovos.

4  Coloque a mistura em uma panela e aqueça em fogo baixo, mexendo sempre, até engrossar. Retire do fogo, junte a gelatina e mexa até dissolver. Junte o chocolate e mexa até derreter. Deixe esfriar e despeje sobre a base da torta. Leve à geladeira por várias horas. Transfira a torta para uma travessa e cubra-a com as lâminas de chocolate.

## Cheesecake com frutas vermelhas ao Grand Marnier

As cerejas desidratadas embebidas no licor ficam infladas, conferindo ao recheio um delicioso sabor de laranja.

**Tempo de preparo** 15 minutos, mais o tempo para esfriar
**Tempo de cozimento** cerca de 1 hora
**Rendimento** 8 porções

175 g de cerejas e outras frutas vermelhas desidratadas
5 colheres (sopa) de licor Grand Marnier
2 colheres (sopa) de mel
raspas de 1 limão
200 g de pâte sucrée (ver pág. 47)
250 g de ricota
200 g de cream cheese
100 g de açúcar refinado
3 ovos inteiros, mais 1 gema
25 g de amêndoas em lascas
crème fraîche* para servir

1. Coloque as frutas desidratadas em uma panela pequena com o Grand Marnier, o mel e as raspas de limão. Aqueça em fogo baixo até levantar fervura. Retire a panela do fogo, tampe e deixe esfriar.

2. Abra a massa com um rolo em uma superfície levemente enfarinhada e forre com ela uma fôrma de torta de 23 cm de diâmetro. Leve à geladeira por 30 minutos e, depois, apare o excesso de massa. Pré-asse (ver pág. 44) em um forno preaquecido, a 180°C, por 20 minutos. Retire o papel e os pesinhos e asse por mais 5 minutos. Mantenha o forno ligado.

3. Misture a ricota e o cream cheese com o açúcar, os ovos e a gema até obter um creme liso.

4. Incorpore metade da mistura de frutas e despeje sobre a base da torta. Asse por 35 minutos, até o recheio ficar firme e dourado.

5. Distribua o restante da mistura de frutas por cima e salpique com as amêndoas em lascas. Deixe esfriar e sirva com crème fraîche e uma taça de Grand Marnier, se preferir.

*N.T.: Especialidade francesa, é um tipo de creme de leite fermentado. Procure em casas de produtos importados, ou substitua por uma mistura de 4 partes de creme de leite fresco para cada parte de iogurte natural.

## Gelatina de Amaretto e chocolate

Experimente estas deliciosas e sofisticadas gelatinas aromatizadas com licor de amêndoa. Elas são modeladas em forminhas pequenas, mas você pode utilizar uma fôrma maior de pudim, se preferir.

**Tempo de preparo** 15 minutos, mais o tempo para gelar
**Tempo de cozimento** 5 minutos
**Rendimento** 8 porções

1 colher (sopa) de gelatina em pó sem sabor
300 g de chocolate amargo picado
150 ml de licor Amaretto
450 ml de leite
100 ml de creme de leite fresco
1 receita de Cobertura Cremosa de Chocolate (ver pág. 58)

1 Coloque a gelatina com 3 colheres (sopa) de água em uma tigela pequena e deixe de molho por 5 minutos. Derreta o chocolate em uma tigela grande (ver pág. 56) com o licor, mexendo sempre, até derreter bem.

2 Leve o leite ao fogo e, assim que ferver, retire do fogo.

3 Derrame sobre o chocolate, batendo até obter um creme liso e homogêneo. Adicione a gelatina e mexa por 1 minuto, até dissolver. Divida a mistura entre 8 forminhas de 125–150 ml e deixe esfriar. Leve à geladeira por no mínimo 6 horas, de preferência por uma noite, até ficar bem firme.

4 Encha pela metade uma tigela pequena com água bem quente e mergulhe o fundo da forminha por 2 segundos para ajudar a soltar a gelatina. Desenforme sobre um prato. Faça o mesmo com as outras forminhas. Coloque um pouco do creme de leite em volta de cada gelatina e depois regue com 1 colher (sopa) cheia da calda de chocolate sobre o creme, formando rabiscos decorativos.

SOBREMESAS 223

## Tortinhas de pêssego e framboesa

Estas tortinhas tentadoras são muito fáceis de preparar. A base pode ser assada com várias horas de antecedência, mas deve ser recheada na hora de servir para a massa não amolecer.

**Tempo de preparo** 15 minutos
**Tempo de cozimento** 8–10 minutos
**Rendimento** 4 porções

15 g de manteiga derretida
4 folhas de massa filo* com cerca de 25 cm cada
125 ml de creme de leite fresco
1 colher (sopa) de açúcar mascavo
2 pêssegos, sem casca e caroço, cortados em cubinhos
50 g de framboesas
açúcar de confeiteiro para polvilhar

1. Unte 4 forminhas fundas com manteiga derretida. Corte cada folha de massa filo ao meio e depois em 4 quadrados iguais. Forre cada forminha com 4 quadrados, dispondo-os em ângulos diferentes. Pressione bem as folhas de massa, para que fiquem certinhas na fôrma.

2. Asse em um forno preaquecido, a 190°C, por 8–10 minutos, ou até dourarem. Remova cuidadosamente a massa assada das fôrmas e deixe esfriar.

3. Misture o creme de leite e o açúcar em uma tigela. Bata até ficar firme.

4. Recheie a base das tortinhas com o creme de leite batido e cubra com os pêssegos e as framboesas. Polvilhe com açúcar de confeiteiro e sirva imediatamente.

*N.T.: Encontrada em empórios sírios.

# Tortinhas de figo

O figo é uma fruta milenar, cultivada desde 1900 a.C. pelos antigos egípcios. Se preferir, substitua os figos por ameixas.

**Tempo de preparo** 20 minutos, mais o tempo para esfriar
**Tempo de cozimento** 25–40 minutos
**Rendimento** 6 porções

400 g de pâte sucrée (ver pág. 47)
50 g de manteiga
125 g de açúcar refinado
3 ovos médios batidos
125 g de amêndoas moídas
5 colheres (sopa) de geléia de ameixa
6 figos
1 fava de baunilha cortada ao meio no sentido do comprimento
150 ml de suco de laranja
açúcar de confeiteiro para polvilhar
chantilly ou crème fraîche* para servir

1. Abra a massa com um rolo em uma superfície enfarinhada e forre com ela uma fôrma de torta desmontável de 20 cm de diâmetro, ou 4 forminhas de 10 cm com fundo removível. Leve à geladeira por 30 minutos. Pré-asse (ver pág. 44) em um forno preaquecido, a 200°C, por 10 minutos. Retire o papel e os pesinhos e asse por mais 5 minutos. Mantenha o forno ligado.

2. Bata a manteiga com 75 g do açúcar e adicione, aos poucos, os ovos. Bata bem e junte as amêndoas.

3. Passe geléia na base da torta e coloque a mistura de amêndoas. Arrume os figos por cima. Asse por 10–12 minutos, no caso de tortinhas individuais, ou 20 minutos, para uma torta maior, ou até a massa de amêndoas crescer e ficar firme.

4. Enquanto isso, junte o restante do açúcar com a fava de baunilha e o suco de laranja e aqueça em fogo baixo até o açúcar se dissolver. Deixe ferver para reduzir. Pincele os figos com essa calda e espere esfriar. Polvilhe com o açúcar de confeiteiro e sirva com chantilly ou crème fraîche.

*N.T.: Especialidade francesa, é um tipo de creme de leite fermentado. Procure em casas de produtos importados, ou substitua por uma mistura de 4 partes de creme de leite fresco para cada parte de iogurte natural.

## Torta de carolinas e pralina

A massa de carolina é rápida de fazer, e o resultado é sempre espetacular. Prepare esta torta para uma ocasião especial. O toque final fica por conta dos morangos frescos bem vermelhinhos.

**Tempo de preparo** 30 minutos
**Tempo de cozimento** 30 minutos
**Rendimento** 6 porções

75 g de massa de carolina (ver pág. 49)
150 g de amêndoas inteiras, levemente tostadas e grosseiramente picadas
150 g de açúcar refinado
175 g de queijo mascarpone
50 ml de creme de leite fresco
1 colher (sopa) de açúcar de confeiteiro
morangos frescos para decorar (opcional)

1 Coloque ⅓ da massa de carolina em uma assadeira e espalhe com as costas de uma colher, formando um disco de 22 cm de diâmetro.

2 Distribua o restante da massa em outra assadeira, em colheradas bem separadas. Asse em um forno preaquecido, a 200°C, por 20 minutos, até dourar. Mantenha o forno ligado. Espete cada carolina uma vez e a base algumas vezes para liberar o vapor. Leve de volta ao forno por mais 5 minutos para secar. Se a base não secar o suficiente, asse por mais 5 minutos. Deixe esfriar.

3 Coloque as amêndoas sobre uma folha de papel-alumínio ligeiramente untada. Derreta o açúcar com 3 colheres (sopa) de água, em fogo médio, até dourar. Despeje sobre as amêndoas e deixe esfriar. Quebre a pralina em pedaços. Esmague metade em um saco plástico, com o auxílio de um rolo de macarrão.

4 Misture o mascarpone, o creme de leite e a pralina triturada até obter um creme espesso. Grude as carolinas ao redor da base da torta com um pouco de creme e, com uma colher, coloque o restante do creme no centro.

5 Polvilhe com o açúcar de confeiteiro e decore com os pedaços maiores de pralina e morangos frescos.

# Creme inglês

Aveludado, cremoso e reconfortante, o creme inglês é um acompanhamento muito apreciado, e vale a pena o esforço de fazê-lo para acrescentar um toque especial a uma sobremesa.

**Tempo de preparo** 10 minutos, mais o tempo de infusão
**Tempo de cozimento** 10–15 minutos
**Rendimento** 6 porções

1 fava de baunilha cortada ao meio no sentido do comprimento
300 ml de leite integral
300 ml de creme de leite fresco
6 gemas
25 g de açúcar refinado

1. Coloque a fava de baunilha, o leite e o creme de leite em uma panela de fundo grosso e espere ferver em fogo baixo. Retire do fogo e deixe em infusão por 15 minutos.
2. Com um batedor de arame, bata as gemas e o açúcar em uma tigela, até obter um creme claro. Retire a fava de baunilha do leite e raspe as sementes dentro da panela.
3. Despeje o leite sobre a mistura de açúcar e gemas, batendo bem.
4. Coloque em uma panela limpa e cozinhe em fogo médio, mexendo sempre com uma colher de pau, até o creme cobrir o dorso da colher com uma camada grossa. Isso levará 5–10 minutos, mas não caia na tentação de aumentar a chama, senão o creme pode talhar. Sirva morno.

# Coulis de frutas vermelhas

Um purê colorido feito com duas ou três qualidades de frutas vermelhas pode acompanhar todos os tipos de sobremesa de verão, tanto para forrar o prato quanto para enfeitar suas bordas.

**Tempo de preparo** 10 minutos, mais o tempo para esfriar
**Rendimento** 6–8 porções

3 colheres (sopa) de açúcar refinado

500 g de frutas vermelhas maduras, como morangos, framboesas e groselhas

2–3 colheres (chá) de suco de limão

1 Coloque o açúcar em uma vasilha pequena e complete com água fervente até obter 50 ml. Mexa até o açúcar dissolver e deixe esfriar.

2 Retire o cabo das frutas. Coloque todas as frutas em um processador de alimentos ou liquidificador e bata até obter um purê liso, raspando a mistura das laterais do recipiente, se necessário. Junte a calda de açúcar.

3 Passe tudo pela peneira dentro de uma tigela. Pressione o purê com as costas de uma colher grande de metal para extrair todo o suco.

4 Adicione suco de limão suficiente para dar um leve sabor cítrico e coloque em uma molheira. Para sevir, despeje um pouco do coulis em cada prato de sobremesa e incline ligeiramente o prato para revesti-lo com uma camada uniforme. Pode-se também fazer desenhos nas bordas do prato com o auxílio de uma colher.

SOBREMESAS 229

## Zabaione de canela

O doce e espumoso zabaione pode ser servido puro como sobremesa ou, como é mais freqüente, como um molho leve e aerado. Deve ser feito um pouco antes de servir, pois com o passar do tempo ele perde a consistência.

**Tempo de preparo** 5 minutos
**Tempo de cozimento** 10 minutos, mais o tempo para descansar
**Rendimento** 5–6 porções

¼ colher (chá) de canela em pó
4 colheres (sopa) de licor de café
4 gemas
25 g de açúcar refinado

1. Misture a canela com 4 colheres (sopa) de água fria em uma tigela refratária grande.
2. Adicione o licor de café, as gemas e o açúcar.
3. Coloque a tigela sobre uma panela com água fervente, em fogo baixo, sem deixar que o fundo da tigela entre em contato com a água, senão o creme esquentará demais.
4. Misture os ingredientes com um batedor de arame ou uma batedeira elétrica manual por cerca de 5 minutos, até obter um creme leve e aerado que deixa um rastro ao cair das pás de volta na tigela.
5. Se preferir o creme quente, sirva imediatamente. Se preferir frio, retire a tigela do fogo, bata por mais 2–3 minutos e deixe descansar por 10 minutos.

# BOLOS E TORTAS

## Torta de ricota

Esta torta fica deliciosa quando degustada com uma xícara de chá ou de café, após uma refeição leve. Se você se lembrar, coloque as uvas-passas de molho na água de um dia para o outro, para que fiquem bem suculentas.

**Tempo de preparo** 20 minutos, mais o tempo para descansar
**Tempo de cozimento** 40 minutos
**Rendimento** 9–10 porções

100 g de uvas-passas
3 colheres (sopa) de vinho Marsala
175 g de manteiga sem sal amolecida
175 g de açúcar refinado
250 g de ricota
1 colher (chá) de essência de baunilha
3 ovos, gemas separadas
150 g de farinha de trigo com fermento
1 colher (chá) de fermento em pó
açúcar de confeiteiro para polvilhar

1 Unte e forre com papel-manteiga uma fôrma de bolo quadrada com cerca de 18 cm, ou uma fôrma redonda de 20 cm de diâmetro. Coloque as uvas-passas e o vinho Marsala em uma tigela pequena e deixe macerar por 30 minutos. Bata a manteiga e o açúcar até formar um creme leve e fofo. Acrescente, batendo sempre, a ricota, a essência de baunilha e as gemas.

2 Acrescente as uvas-passas e o vinho Marsala. Em uma outra tigela totalmente limpa, bata as claras em neve até obter picos firmes.

3 Use uma colher de metal para misturar ¼ das claras em neve à mistura de ricota, mexendo com cuidado. Acrescente o restante das claras e misture.

4 Peneire a farinha e o fermento na tigela com o creme, mexendo com cuidado até formar uma massa uniforme. Despeje a mistura na fôrma e nivele a superfície.

5 Asse em um forno preaquecido, a 180°C, por 40 minutos, ou até que a massa esteja firme. Transfira o bolo para um suporte de metal para esfriar. Sirva polvilhado com bastante açúcar de confeiteiro.

## Bolo úmido de cereja e amêndoa

Este bolo é tão úmido e possui um gosto de amêndoa tão acentuado que é difícil resistir. Ele combina as técnicas usadas nos bolos cremosos e batidos, o que lhe proporciona uma textura leve e aerada.

**Tempo de preparo** 25 minutos
**Tempo de cozimento** 1 hora–1 hora e 15 minutos
**Rendimento** 12 porções

200 g de cerejas em calda (de preferência sem corante)
150 g de farinha de trigo com fermento
250 g de manteiga sem sal amolecida
250 g de açúcar refinado
5 ovos, gemas separadas
1 colher (chá) de essência de amêndoas
1 colher (sopa) de suco de limão
150 g de amêndoas moídas
15 g de amêndoas em lascas

1. Unte e forre com papel-manteiga uma fôrma de bolo inglês com capacidade para 1,25 kg. Unte o papel. Enxágue e seque as cerejas; corte-as ao meio e passe-as em 1 colher (sopa) de farinha.

2. Bata a manteiga e 200 g de açúcar até formar um creme leve e fofo. Acrescente as gemas, a essência de amêndoas e o suco de limão, batendo sempre. Peneire a farinha na vasilha e misture com uma colher de metal.

3. Em uma outra vasilha totalmente limpa, bata as claras em neve até obter picos firmes. Gradualmente, acrescente o restante do açúcar e, depois, as amêndoas moídas.

4. Acrescente ¼ das claras em neve à massa e mexa cuidadosamente. Acrescente o restante das claras e metade das cerejas. Misture e despeje na fôrma, nivelando a superfície. Espalhe o restante das cerejas e as amêndoas em lascas sobre a massa.

5. Asse em um forno preaquecido, a 180°C, por 1 hora–1 hora e 15 minutos, até que a massa esteja corada, ou até que, ao espetar um palito no centro, ele saia limpo. Deixe esfriar na fôrma.

# Bolo de gengibre frutado

Este bolo é perfeito para servir um grupo grande de pessoas e se conserva bem por vários dias. O sabor do gengibre é suave, não excessivamente picante – portanto, se preferir, adicione mais gengibre em pó ou fresco.

**Tempo de preparo** 15 minutos
**Tempo de cozimento** 1 hora
**Rendimento** 12–16 porções

450 g de farinha de trigo
2 colheres (chá) de gengibre em pó
2 colheres (chá) de fermento em pó
1 colher (chá) de bicarbonato de sódio
175 g de manteiga sem sal
uma pitada de sal
550 g de melado de cana
300 ml de leite
1 ovo batido
65 g de gengibre fresco bem picado
250 g de frutas secas variadas
duas receitas de Glacê (ver pág. 54)

1. Unte e forre o fundo e as laterais maiores de uma fôrma de 28 x 23 cm com um retângulo de papel-manteiga, de forma que seja fácil desenformar o bolo depois de assado. Forre as laterais menores da fôrma e unte o papel. Coloque a farinha, o gengibre em pó, o fermento e o bicarbonato de sódio em uma vasilha.

2. Em uma panela pequena, derreta a manteiga com o sal e o melado. Retire do fogo e acrescente o leite e o ovo, mexendo bem.

3. Acrescente essa mistura aos ingredientes secos e junte o gengibre fresco e as frutas secas. Coloque a massa na fôrma e nivele a superfície. Asse em um forno preaquecido, a 160°C, por 50–55 minutos, até que a massa esteja firme, ou até que, ao espetar um palito no centro, ele saia limpo. Deixe esfriar por 10 minutos. Não se preocupe se o bolo afundar um pouco no meio, é comum isto acontecer nesta receita.

4. Desenforme o bolo, decore com o glacê e deixe esfriar.

## Minipanetones

A maioria das pessoas associa o panetone ao Natal. Mas esta deliciosa versão em miniatura será, com certeza, um sucesso em qualquer época do ano.

**Tempo de preparo** 25 minutos, mais o tempo para a massa crescer
**Tempo de cozimento** 20–25 minutos
**Rendimento** 8 panetones

2 colheres (chá) de fermento biológico seco
125 g de açúcar refinado, mais 1 colher (chá)
175 ml de leite morno
700 g de farinha de trigo especial para pão (com alto teor de glúten)
4 ovos grandes, mais 2 gemas
2 colheres (chá) de essência de baunilha
raspas de 2 limões
175 g de manteiga com sal, em temperatura ambiente, cortada em cubinhos
175 g de frutas secas variadas

1 Junte o fermento, 1 colher (chá) de açúcar e o leite em uma tigela grande e aquecida. Deixe descansar por 10 minutos, ou até que comece a borbulhar. Acrescente 100 g de farinha e mexa bem. Cubra com filme plástico e deixe descansar por 30 minutos. Enquanto isso, unte 8 latas de alumínio (cerca de 400 ml) bem limpas e forre as laterais com papel-manteiga. Unte o papel.

2 Adicione à massa os ovos, as gemas, o restante da farinha e do açúcar, a essência de baunilha, as raspas de limão e a manteiga. Misture bem com a ajuda de um garfo, até obter uma massa macia, adicionando mais farinha se a massa ficar grudenta. Transfira para uma superfície levemente enfarinhada e sove até que a massa esteja lisa e elástica. Transfira para uma vasilha untada com óleo, cubra com filme plástico e deixe descansar por 2–4 horas, ou até dobrar de volume. Sove novamente a massa (ver pág. 53) e acrescente as frutas.

3 Corte em 8 pedaços e coloque-os nas latas. Cubra e deixe crescer até que a massa quase alcance as bordas das latinhas.

4 Asse em um forno preaquecido, a 200°C, por 20–25 minutos, ou até que os panetones tenham crescido e estejam corados. Deixe no forno por 5 minutos, depois retire e deixe esfriar sobre um suporte de metal.

# Pão-de-ló com glacê de coco

Fazer um pão-de-ló, assim como uma pavlova ou um merengue, é uma boa oportunidade de aproveitar as claras que sobram. Esta massa cremosa e aerada fica ótima quando assada em fôrmas mais fundas — como costumam fazer os americanos e os ingleses com o Angel Cake.

**Tempo de preparo** 30 minutos
**Tempo de cozimento** 25 minutos
**Rendimento** 10–12 porções

óleo para untar
150 g de farinha de trigo, mais um pouco para polvilhar
8 claras
1 colher (chá) de cremor tártaro
225 g de açúcar refinado
2 colheres (chá) de essência de baunilha
lascas de coco tostado para decorar

Glacê de coco

½ envelope de gelatina sem sabor
1 xícara de leite de coco
3 claras em neve
2 colheres (sopa) de açúcar
½ lata de creme de leite (sem soro)
75 g de coco fresco sem casca, ralado grosso

1. Unte com o óleo uma fôrma de buraco, com capacidade para 1,5 L, e polvilhe com farinha, retirando o excesso. Em uma tigela grande e limpa, bata as claras até formar um suspiro. Adicione o cremor tártaro e bata até obter picos firmes.

2. Aos poucos, acrescente o açúcar, uma colher por vez, batendo bem até que a mistura fique firme e brilhante. Continue batendo e acrescente a essência de baunilha e o restante do açúcar.

3. Peneire a farinha sobre as claras e misture delicadamente, usando uma colher de metal. Coloque na fôrma e nivele a superfície. Asse em um forno preaquecido, a 160°C, por cerca de 25 minutos, até que a massa fique firme, ou até que, ao espetar um palito no centro, ele saia limpo.

4. Faça o glacê. Dissolva a gelatina em água e deixe em banho-maria por 5 minutos. Bata os demais ingredientes em um liquidificador por cerca de 5 minutos. Coloque a gelatina dissolvida e bata por mais 2 minutos. Leve à geladeira por 2 horas.

5. Vire o bolo sobre um suporte de metal, mas não retire a fôrma. Depois de frio, solte as laterais e desenforme. Espalhe o glacê de coco sobre o bolo e enfeite com as lascas de coco tostado.

# Bolo fudge de chocolate

Este é um bolo denso repleto de chocolate e nada seco. É ótimo a qualquer hora, seja como um pequeno prazer para um dia da semana ou como o grande deleite de um dia festivo.

**Tempo de preparo** 25 minutos, mais o tempo para esfriar
**Tempo de cozimento** 20–25 minutos
**Rendimento** 12 porções

100 g de chocolate em pó
100 g de chocolate amargo picado
200 g de manteiga sem sal amolecida
325 g de açúcar mascavo claro
275 g de farinha de trigo com fermento
½ colher (chá) de fermento em pó
3 ovos batidos

Glacê fudge
300 g de chocolate amargo picado
225 g de açúcar de confeiteiro
200 g de manteiga sem sal amolecida

1  Unte e forre o fundo de três fôrmas para bolo de 20 cm de diâmetro (se você só tiver duas fôrmas, pode deixar ⅓ da massa para assar depois). Em uma vasilha, bata o chocolate em pó com 300 ml de água fervente até obter um creme liso. Junte o chocolate picado e deixe esfriar, mexendo de vez em quando.

2  Em uma outra vasilha, bata a manteiga, o açúcar, a farinha, o fermento e os ovos até obter um creme liso. Acrescente a mistura de chocolate e continue batendo, até formar uma massa homogênea. Divida igualmente entre as três fôrmas. Nivele a superfície e asse em um forno preaquecido, a 180°C, por 20–25 minutos, ou até que a massa esteja firme. Transfira para um suporte de metal para esfriar.

3  Faça o glacê. Derreta o chocolate em banho-maria em um refratário pequeno. Retire do fogo e deixe esfriar um pouco. Em uma vasilha, bata o açúcar de confeiteiro e a manteiga até obter um creme. Acrescente o chocolate derretido e bata até ficar liso.

4  Use o glacê para rechear o bolo no prato em que irá servi-lo. Espalhe o restante sobre o topo e as laterais com a ajuda de uma faca ou espátula.

# Bolo de café regado com licor

Use um pó de café fino e de boa qualidade para dar ao bolo um toque e aroma surpreendentes de café e amêndoa. Se for usar café solúvel, reduza a quantidade para 4 colheres de chá.

**Tempo de preparo** 15 minutos
**Tempo de cozimento** 45 minutos
**Rendimento** 8 porções

2 colheres (sopa) de pó de café
50 g de amêndoas moídas
50 g de açúcar mascavo escuro
150 g de açúcar refinado, mais 1 colher (sopa)
175 g de manteiga sem sal amolecida
3 ovos
200 g de farinha de trigo com fermento
1 colher (chá) de fermento em pó
50 g de amêndoas em lascas
½ colher (chá) de canela em pó
4 colheres (sopa) de licor de café

1. Unte e forre com papel-manteiga o fundo e as laterais de uma fôrma redonda com aro removível de 18 cm de diâmetro. Unte o papel. Misture o pó de café, as amêndoas moídas e o açúcar mascavo.

2. Coloque 150 g de açúcar refinado em uma vasilha com a manteiga, os ovos, a farinha e o fermento e bata até formar uma mistura lisa e cremosa. Espalhe ⅓ da massa na fôrma e polvilhe com metade da mistura de café.

3. Coloque a metade da massa restante e polvilhe com o restante da mistura de café. Por fim, cubra com a massa que sobrou.

4. Misture 1 colher (sopa) do açúcar com as amêndoas em lascas e a canela e espalhe sobre a massa. Asse em um forno preaquecido, a 180°C, por 45 minutos, até que a massa esteja firme, ou até que, ao espetar um palito no centro, ele saia limpo. Deixe na fôrma por 10 minutos, então transfira para um suporte de metal para esfriar. Regue com o licor de café antes de servir.

# Bolo de chocolate branco com frutas vermelhas

A massa, parecida com a de pão-de-ló, pode ser feita com um dia de antecedência, e o bolo pode ser montado algumas horas antes de ser servido.

**Tempo de preparo** 40 minutos, mais o tempo para esfriar
**Tempo de cozimento** 30 minutos
**Rendimento** 12 porções

5 ovos
150 g de açúcar refinado
150 g de farinha de trigo
75 g de chocolate branco ralado
50 g de manteiga sem sal derretida
200 g de morangos frescos
200 g de framboesas frescas
300 ml de creme de leite fresco
4 colheres (sopa) de licor de laranja
1 receita de Ganache de Chocolate Branco (ver pág. 59)

1 Unte e forre a base de duas fôrmas de 20 cm de diâmetro com papel-manteiga. Unte o papel. Bata os ovos e o açúcar em uma tigela refratária colocada sobre uma panela com água fervente, até obter um creme bem firme e esbranquiçado. Retire do fogo e bata por mais 2 minutos aproximadamente. Peneire a farinha sobre o creme, salpique o chocolate ralado e misture bem. Regue com a manteiga derretida e mexa até incorporá-la aos demais ingredientes.

2 Divida a massa entre as duas fôrmas e asse em um forno preaquecido, a 180°C, por 25–30 minutos, ou até o bolo ficar firme e dourado. Transfira para uma grelha e deixe esfriar. Reserve um punhado das frutas e amasse de leve o restante. Bata o creme de leite até o ponto de chantilly. Corte os bolos já frios ao meio, na horizontal, e umedeça com o licor de laranja. Coloque um disco de bolo em uma travessa, espalhe sobre ele ⅓ do creme de leite e ⅓ das frutas amassadas.

3 Repita as camadas, terminando com uma camada de bolo. Espalhe um pouco do ganache sobre o bolo para fazer uma camada fina.

4 Cubra todo o bolo com o restante. Enfeite com as frutas reservadas.

## Bolinhos com gotas de chocolate e manteiga cítrica

Estes bolinhos são incrivelmente fáceis de fazer. Você não precisa nem esperar que esfriem – são deliciosos servidos quentes, cortados ao meio e com manteiga.

**Tempo de preparo** 20 minutos
**Tempo de cozimento** 12 minutos
**Rendimento** 8 bolinhos

225 g de farinha de trigo com fermento
1 colher (chá) de fermento em pó (químico)
125 g de manteiga sem sal
100 g de chocolate amargo ou ao leite bem picado
50 g de açúcar de confeiteiro
cerca de 150 ml de leite, mais um pouco para pincelar
raspas de ½ laranja pequena, mais 2 colheres (chá) do suco

1. Unte uma assadeira média. Peneire a farinha e o fermento juntos em uma tigela. Adicione 40 g da manteiga cortada em cubinhos e mexa com a ponta dos dedos até obter uma farofa. Junte o chocolate, 25 g do açúcar e 125 ml do leite; mexa até obter uma massa lisa, adicionando o restante do leite se ela estiver seca.

2. Abra a massa em uma superfície levemente enfarinhada até ficar com 2 cm de espessura. Com um cortador de 6 cm de diâmetro, corte rodelas de massa; enrole as sobras, abra e corte mais rodelas.

3. Transfira para a assadeira e pincele-as com o leite. Asse em um forno preaquecido, a 220°C, por 12 minutos, até que os bolinhos estejam bem crescidos e levemente dourados. Transfira para um suporte de metal para esfriar.

4. Enquanto isso, misture bem o restante da manteiga e do açúcar com as raspas e o suco da laranja em um recipiente que possa ser levado à mesa. Sirva com os bolinhos quentes.

# Barrinhas crocantes de framboesa e aveia

Estas barrinhas exploram bem o contraste de texturas macias e crocantes, com sua massa quebradiça e os deliciosos pedacinhos de fruta.

**Tempo de preparo** 15 minutos
**Tempo de cozimento** 1 hora
**Rendimento** 12–14 barrinhas

100 g de farinha de trigo
75 g de farinha de trigo integral
175 g de aveia integral em flocos
175 g de manteiga sem sal, em tablete, levemente amolecida
150 g de açúcar refinado
raspas de 1 limão
250 g de framboesas frescas ou congeladas
açúcar de confeiteiro para polvilhar

1. Unte com manteiga o fundo e as laterais de uma fôrma retangular de 27 x 18 cm, ou uma fôrma de tamanho similar. Coloque as farinhas e a aveia em uma vasilha. Corte a manteiga em pequenos pedaços, adicione aos ingredientes secos e trabalhe com a ponta dos dedos até obter uma farofa grossa.

2. Acrescente o açúcar e as raspas do limão e continue a mexer os ingredientes, até que a mistura esteja homogênea. Coloque metade da mistura na fôrma e modele com os dedos para formar uma camada uniforme.

3. Espalhe as framboesas sobre essa camada.

4. Cubra com o restante da mistura. Asse em um forno preaquecido, a 180°C, por cerca de 1 hora, ou até que a parte de cima esteja corada. Corte em barrinhas e deixe esfriar na fôrma. Sirva polvilhado com açúcar de confeiteiro.

# Bolo de morango e framboesa

Coberto com mascarpone enriquecido com creme de leite e licor, este bolo é uma versão sofisticada do irresistível bolo de morango que supera expectativas. É perfeito para um chá ao ar livre.

**Tempo de preparo** 25 minutos

**Tempo de cozimento** cerca de 35 minutos

**Rendimento** 8 porções

- 175 g de manteiga sem sal amolecida
- 100 g de açúcar refinado
- 2 ovos batidos
- 2 colheres (chá) de essência de baunilha
- 225 g de farinha de trigo com fermento
- 1 colher (chá) de fermento em pó
- 250 g de morangos
- 100 g de framboesas
- 3 colheres (sopa) de Cointreau, ou outro licor com sabor de laranja
- 6 colheres (sopa) de geléia de groselha
- 250 g de queijo mascarpone
- 300 ml de creme de leite fresco

1 Unte uma fôrma redonda de 18 cm de diâmetro. Bata a manteiga e o açúcar até obter um creme leve e fofo. Aos poucos, acrescente os ovos e a essência de baunilha, batendo sempre. Peneire a farinha e o fermento na vasilha e mexa bem até que os ingredientes estejam bem misturados. Coloque na fôrma e nivele a superfície. Asse em um forno preaquecido, a 180°C, por 30 minutos, ou até que a massa esteja firme. Transfira para um suporte de metal para esfriar.

2 Corte os morangos ao meio e misture-os em uma vasilha com as framboesas e 1 colher (sopa) de licor. Corte o bolo ao meio, na horizontal.

3 Derreta a geléia de groselha em uma panela com 1 colher (sopa) de água. Bata o mascarpone com o creme de leite e o restante do licor até obter picos firmes. Recheie o bolo com metade do creme mascarpone e acrescente metade das frutas sobre o creme.

4 Pincele as frutas com metade da geléia e cubra com a outra metade do bolo. Cubra o bolo com o restante do creme, das frutas e da geléia e sirva.

BOLOS E TORTAS

# Kringle

Esta receita é uma versão simplificada da tradicional rosca dinamarquesa: levemente condimentada, frutada e assada em formato de pretzel. Se desejar, cubra-a com glacê.

**Tempo de preparo** 25 minutos, mais o tempo para a massa crescer
**Tempo de cozimento** 30 minutos
**Rendimento** 10 porções

2 colheres (chá) de fermento biológico seco
75 g de açúcar refinado, mais 1 colher (chá)
200 ml de leite morno
400 g de farinha de trigo especial para pão (com alto teor de glúten)
sementes trituradas de 15 bagas de cardamomos
1 colher (chá) de especiarias variadas moídas
1 ovo batido, mais 1 gema para pincelar
75 g de manteiga com sal derretida
75 g de uvas-passas miúdas sem sementes*
75 g de amêndoas sem pele picadas
2 colheres (sopa) de açúcar de confeiteiro

1 Misture o fermento e 1 colher (chá) de açúcar ao leite em uma panela pequena e deixe descansar por 10 minutos, ou até que comece a borbulhar. Misture a farinha com as sementes de cardamomo, as especiarias e o restante do açúcar. Acrescente o ovo, a manteiga e o fermento e mexa até formar uma massa.

2 Coloque a massa em uma superfície enfarinhada e trabalhe-a por 10 minutos, até que esteja lisa e elástica. Coloque em uma vasilha untada com óleo, cubra com filme plástico e deixe crescer por 1 hora, ou até dobrar de volume.

3 Sove a massa (ver pág. 53) e abra-a em uma superfície enfarinhada até obter um retângulo de 45 x 15 cm.

4 Espalhe as uvas-passas e as amêndoas (reserve 15 g) e enrole a massa.

5 Transfira para uma fôrma untada, enrole em forma de um nó e cubra com filme plástico untado com óleo, de modo que não fique muito esticado. Deixe crescer por 45 minutos, ou até dobrar de volume.

6 Com um pincel, passe a gema batida sobre a rosca e polvilhe com açúcar de confeiteiro. Enfeite com as amêndoas reservadas e asse em um forno preaquecido, a 190°C, por 30 minutos, ou até que esteja corada. Deixe esfriar em um suporte de metal.

*N.T.: Use as do tipo Corinto, se encontrar.

## Biscoito amanteigado de tomilho, laranja e chocolate

Biscoitos amanteigados caseiros são sempre uma delícia, e a adição de um toque de tomilho a esta receita torna-a irresistível.

**Tempo de preparo** 15 minutos, mais o tempo para esfriar
**Tempo de cozimento** 20 minutos
**Rendimento** 25 porções

1 colher (sopa) de tomilho picado
50 g de açúcar refinado
150 g de chocolate ao leite ou branco picado
250 g de farinha de trigo
100 g de farinha de arroz
raspas de 1 laranja
200 g de manteiga sem sal cortada em cubinhos
uma pitada de sal

1 Unte duas assadeiras retangulares. Reserve 1 colher (chá) do tomilho picado. Salpique o restante sobre 25 g de açúcar em uma tábua, pressionando-o com a lâmina de uma faca. Derreta o chocolate em uma tigela pequena.

2 Peneire a farinha de trigo e a farinha de arroz em uma tigela. Adicione o tomilho reservado, as raspas de laranja, a manteiga e o sal; amasse com a ponta dos dedos até obter uma farofa.

3 Junte o açúcar restante e o chocolate derretido; mexa com uma faca de lâmina arredondada até que a mistura comece a formar uma massa. Com as mãos, faça uma bola e coloque em uma superfície enfarinhada. Forme um rolo de 30 cm de comprimento. Enrole em papel-manteiga e leve à geladeira por 1 hora.

4 Retire o papel e passe o rolo de massa no açúcar com tomilho até que ele fique totalmente envolto pela mistura.

5 Corte em fatias grossas e coloque na assadeira, deixando um espaço entre elas. Asse em um forno preaquecido, a 180°C, por cerca de 20 minutos, até começar a dourar. Retire e deixe esfriar.

## Biscotti de chocolate branco

Este saboroso biscotti é assado em uma peça só e depois fatiado e assado novamente para ficar crocante. Sirva à maneira italiana, molhando em vinho doce ou acompanhando um chocolate quente cremoso.

**Tempo de preparo** 15 minutos, mais o tempo para esfriar
**Tempo de cozimento** 35 minutos
**Rendimento** 24 porções

300 g de chocolate branco
25 g de manteiga sem sal amolecida
225 g de farinha de trigo com fermento
50 g de açúcar mascavo claro
2 ovos
1 colher (chá) de essência de baunilha
100 g de nozes-pecã grosseiramente picadas
açúcar de confeiteiro para polvilhar

1 Unte uma assadeira retangular grande. Pique 100 g de chocolate em pedaços pequenos e reserve. Quebre o restante e derreta em uma tigela pequena com a manteiga. Deixe esfriar. Peneire a farinha em uma tigela grande e junte o açúcar, os ovos, a essência de baunilha, as nozes e o chocolate derretido. Mexa bem.

2 Adicione o chocolate picado reservado e misture até formar uma bola. Transfira para uma superfície enfarinhada e corte ao meio.

3 Faça um rolo de 25 cm de comprimento com cada pedaço e achate, deixando-os com 2 cm de espessura. Coloque os rolos na assadeira, deixando um espaço entre eles. Asse em um forno preaquecido, a 190°C, por 18–20 minutos, até que estejam crescidos, dourados e firmes. Retire do forno e reduza a temperatura para 160°C.

4 Deixe os biscotti esfriarem por 20 minutos, depois corte cada pedaço em fatias de 2 cm de espessura, com uma faca de serra. Distribua os biscotti na assadeira, deixando um espaço entre eles, e asse por mais 15 minutos. Polvilhe com o açúcar de confeiteiro e deixe esfriar antes de servir.

# Brownies de queijo e chocolate

No lugar da clássica crosta açucarada, estes brownies apresentam uma cobertura marmorizada deliciosa.

**Tempo de preparo** 20 minutos
**Tempo de cozimento** 30 minutos
**Rendimento** 16 porções

**300 g de chocolate amargo picado**
**125 g de manteiga sem sal**
**uma pitada de sal**
**150 g de açúcar mascavo claro**
**75 g de farinha de trigo com fermento**
**75 g de amêndoas trituradas**
**4 ovos**
**300 g de queijo de cabra cremoso (escolha um de sabor suave)**
**75 g de açúcar refinado**
**1 colher (chá) de essência de baunilha**

1. Unte e forre com papel-manteiga a base e as laterais de uma assadeira retangular de 28 x 20 cm. Unte o papel. Derreta o chocolate com a manteiga e o sal em uma tigela média.

2. Bata o açúcar mascavo, a farinha, as amêndoas e 3 ovos em uma tigela até obter uma pasta. Adicione a mistura de chocolate derretido.

3. À parte, bata o queijo até obter um creme. Junte o açúcar, o ovo restante e a essência de baunilha. Bata até incorporar todos os ingredientes. Coloque a massa com as amêndoas na fôrma e coloque colheradas da mistura de queijo por cima.

4. Com uma faca, misture levemente as duas massas, desenhando um padrão marmorizado. Não deixe a massa assar demais, senão os sabores se misturam.

5. Asse em um forno preaquecido, a 190°C, por cerca de 30 minutos, ou até ficar levemente macio no centro. Deixe esfriar na fôrma e sirva cortado em pequenos retângulos.

# Frutas glaçadas

Apesar de o processo ser bem demorado, vale a pena fazer estas frutas glaçadas em casa, pois são deliciosas e podem ser usadas em bolos, roscas e também para decorar sobremesas.

**Tempo de preparo** 15 minutos
**Tempo de cozimento** todo o processo leva pelo menos 8 dias

rodelas de abacaxi cortadas em quatro
cerejas inteiras, sem o caroço
pêras não muito maduras, descascadas, sem sementes e cortadas ao meio
ameixas, sem caroço e cortadas ao meio
damascos frescos, ou pêssegos ácidos e firmes, sem caroço e cortados ao meio
açúcar cristal

1. Cozinhe as frutas em fogo baixo com água suficiente para cobri-las, até que fiquem macias. Escorra, reservando o líquido.

2. Para cada ½ kg de fruta, calcule 300 ml de calda. Para fazer a calda, junte 175 g de açúcar para cada 300 ml da água do cozimento das frutas. Cozinhe em fogo baixo, mexendo, até que o açúcar tenha dissolvido completamente.

3. Arrume as frutas cozidas, em uma única camada, em um recipiente raso não-metálico e despeje a calda por cima. Tampe e deixe repousar por 24 horas.

4. No segundo dia, escorra e meça a calda, transferindo-a para uma panela. Junte 50 g de açúcar para cada 300 ml de calda e aqueça até começar a ferver. Despeje sobre as frutas, tampe e deixe repousar por mais 24 horas. Repita esse processo mais 3 vezes, acrescentando 50 g de açúcar para cada 300 ml de calda a cada vez.

5. No sexto dia, escorra a calda, meça, transfira para uma panela e acrescente 75 g de açúcar para cada 300 ml de calda. Leve ao fogo e, assim que levantar fervura, junte as frutas e deixe ferver por 3 minutos. Retire da panela e deixe repousar por mais 24 horas.

6. Repita o passo 5. A esta altura, a calda deve estar grossa como mel. Se não estiver, repita o processo novamente. Escorra as frutas e arrume-as em uma única camada sobre uma grade de metal com uma assadeira embaixo. Deixe secar e guarde em potes bem fechados entremeadas por papel vegetal.

# Bolo de abóbora com caramelo de baunilha

Esta receita fica melhor quando feita com a abóbora moranga, mas você também pode experimentar fazer com outras abóboras de polpa alaranjada.

**Tempo de preparo** 30 minutos
**Tempo de cozimento** cerca de 55 minutos
**Rendimento** 10 porções

250 g de abóbora, descascada e sem sementes
175 g de manteiga sem sal amolecida
175 g de açúcar mascavo claro
175 g de farinha de trigo com fermento
1 colher (chá) de fermento em pó
2 colheres (chá) de sementes de coentro moídas
3 ovos
75 g de amêndoas moídas

Caramelo de baunilha
100 g de açúcar refinado
2 colheres (sopa) de creme de leite fresco
2 colheres (chá) de essência de baunilha

1. Unte e forre com papel-manteiga o fundo e as laterais de uma fôrma redonda de cerca de 20 cm de diâmetro. Unte o papel. Rale a abóbora em um ralo fino e seque com toalha de papel para retirar o excesso de umidade.

2. Coloque a manteiga, o açúcar, a farinha, o fermento, as sementes de coentro, os ovos e as amêndoas em uma tigela e bata até obter uma mistura lisa e macia.

3. Incorpore a abóbora, coloque na fôrma e nivele a superfície da massa. Asse em um forno preaquecido, a 160°C, por cerca de 45 minutos, até que o bolo esteja assado, ou até que, ao espetar um palito no centro, ele saia limpo. Transfira para um suporte de metal para esfriar.

4. Faça o caramelo de baunilha. Coloque o açúcar e 4 colheres (sopa) de água em uma panela pequena de fundo grosso e aqueça em fogo baixo, mexendo sempre, até o açúcar dissolver. Deixe ferver até que a mistura se transforme em um caramelo bem dourado. Tire do fogo e misture o creme de leite e a essência de baunilha. Aqueça até formar uma mistura cremosa. Coloque o bolo em um prato e despeje o caramelo por cima. Se preferir, adicione mais caramelo ao servir.

# Índice remissivo

## A

abacate: salsa picante de abacate 171

abacaxi: carré de cordeiro com salsa de abacaxi 187

abóbora: bolo de abóbora com caramelo de baunilha 249

filé de porco com abóbora 180

parafuso integral com tofu, abóbora e ervilha-torta 96

ravióli de abóbora 95

sopa cremosa de abóbora com harissa 63

torta de abóbora e jarlsberg com azeite aromatizado 117

abobrinha: quiche de camarão e abobrinha 149

abrir a carne de ave 31

açúcar 15

confecção de massas para tortas 42

aïoli, molho 21

alcachofras: torta de batata com presunto, alcachofra e cogumelos 116

alho-poró: galette de dolcelatte e alho-poró 118

molho de cordeiro, alho-poró e pimenta verde 107

almôndegas de atum 148

amêndoas: bolo úmido de cereja e amêndoa 233

cordeiro indiano com molho de amêndoas 186

linzertorte 219

amido de milho, como engrossar molhos 16

anchovas: molho puttanesca 106

arancini 97

arenques: salada de arenque marinado com feijão branco 73

armazenar: bolos 53

carnes 34

massas 44

peixes 38

arroz: arancini 97

kipper kedgeree 98

paella de frutos do mar 144

pilaf de arroz integral com frutas secas 103

sushi 101

tamboril com risoto de açafrão 100

aspargos: vieiras com aspargos e bacon crocante 68

assar carne em panela 35

assar peixe em temperatura baixa 41

assar: peixe 41

carne 34

aveia: barrinhas crocantes de framboesa e aveia 241

aves 30–1

avestruz 32

azeitonas: molho puttanesca 106

## B

bacalhau: assado de peixe e frutos do mar 155

escabeche 142

bacon 29

espaguete à carbonara 84

vieiras com aspargos e bacon crocante 68

barriga de porco assada ao estilo asiático 178

base para molhos de carne 36

batata-doce: lingüiça com mostarda e purê de batata-doce 176

cavalinhas com batata-doce caramelizada 143

batatas: assado de peixe e frutos do mar 155

batatinhas fritas 169

bolinhos de salmão e siri 158

cordeiro assado ao estilo mediterrâneo 184

nhoque 27

rösti de batata e pastinaca 122

torta de batata com presunto,

alcachofra e cogumelos 116

béarnaise, molho 169

bechamel, molho 20

berinjela: canelone de berinjela 94

molho de berinjela grelhada 131

beterraba: relish de beterraba e maçã 134

salada de sardinha com molho de ervas e alcaparra 128

beurre manié 16

biscoito amanteigado de tomilho, laranja e chocolate 245

biscotti de chocolate branco 246

blueberries: blueberries ao kirsch 204

torta de blueberry 214

bolinhos: arancini 97

bolinhas picantes 91

bolinhos com gotas de chocolate e manteiga cítrica 240

bolinhos de salmão e siri 158

bolos 50–5

bolo de abóbora com caramelo de baunilha 249

bolo de café regado com licor 238

bolo de carne 168

bolo de chocolate branco com frutas vermelhas 239

bolo de gengibre frutado 234

bolo de morango e framboesa 242

bolo fudge de chocolate 237

bolo úmido de cereja e amêndoa 233

brownies de queijo e chocolate 247

forrar fôrmas 50

minipanetones 235

pão-de-ló com glacê de coco 236

zucotto 218

bolo-torta de chocolate com calda de licor de laranja 206

bouquet garni 17

brownies de queijo e chocolate 247

## C

cabrito 32

# ÍNDICE REMISSIVO

cação: peixe assado em papel-manteiga 146

caçarolas com carne 35, 36

café: bolo de café regado com licor 238

caldeirada à portuguesa 147

caldos 15, 17, 18–19

camarões 39
   assado de peixe e frutos do mar 155
   camarões com sanduíches de erva-doce 67
   quiche de camarão e abobrinha 149
   sushi 101

canelone de berinjela 94

caramelo: torta de carolinas e pralina 226
   bolo de abóbora com caramelo de baunilha 249

carnes 28–9, 32–3
   cozimento 34–7
   ver também carne bovina, cordeiro etc.

carne bovina 28
   bolo de carne 168
   caldo 18
   caldo de carne com macarrão 64
   chili mexicano 173
   filé ao molho béarnaise com batatinhas fritas 169
   filé-mignon com nozes 170
   hambúrgueres com salsa picante de abacate 171
   molho à bolonhesa 108
   rosbife com Yorkshire pudding 172

carne suína 29
   barriga de porco assada ao estilo asiático 178
   costela de porco com maple syrup 175
   filé de porco com abóbora 180
   terrina de carne de porco e pimentão 79

carne de veado 33

carnes de caça 32–3

torta festiva de carne de caça 196

cavalinhas com batata-doce caramelizada 143

cebolas: chutney de castanha portuguesa, cebola roxa e erva-doce 133
   torta de cebolas caramelizadas 114
   torta de lingüiças inteiras com cebolas 177

chalotas: torta de cebolas caramelizadas 114

cheesecake: cheesecake com frutas vermelhas ao Grand Marnier 221
   brownies de queijo e chocolate 247

chili mexicano 173

chocolate 56–9
   biscoito amanteigado de tomilho, laranja e chocolate 245
   biscotti de chocolate branco 246
   bolinhos com gotas de chocolate 240
   bolo de chocolate branco com frutas vermelhas 239
   bolo fudge de chocolate 237
   bolo-torta de chocolate com calda de licor de laranja 206
   brownies de queijo e chocolate 247
   cobertura cremosa de chocolate 58
   derreter 52, 56
   ganache 59
   gelatina de Amaretto e chocolate 222
   rocambole de chocolate e maracujá 212
   sorvete de coco com raspas de limão 207
   tarte tatin de figo e chocolate 215
   torta aveludada de chocolate 220

chutney: de castanha portuguesa, cebola roxa e erva-doce 133
   de tomate verde 132

coco: pão-de-ló com glacê de coco 236
   glacê de coco 55

sorvete de coco com raspas de limão 207

codornas 32
   com limão, pimenta e gengibre 198

coelho 32–3

coentro: molho verde tailandês 110

cogumelos: fritatta de frango, cogumelo e pappardelle 75
   atum à moda Wellington 154
   massa com sabor de funghi porcini 25
   talharim de funghi com gremolata 90
   torta de batata com presunto, alcachofra e cogumelos 116

como saltear 35

conchas comestíveis 39

congelar peixes 38

cordeiro 29
   caldo 18
   carré de cordeiro com salsa de abacaxi 187
   cordeiro ao molho de chocolate 188
   cordeiro ao molho salmoriglio 183
   cordeiro assado ao estilo mediterrâneo 184
   cordeiro indiano com molho de amêndoas 186
   molho de cordeiro, alho poró e pimenta verde 107
   cordeiro assado ao estilo mediterrâneo 184
   cordeiro indiano com molho de amêndoas 186

cortar a carne 37

costela de porco com maple syrup 175

coulis de frutas vermelhas 228

cozinhar peixe na churrasqueira 40–1

cozinhar peixes no vapor 41

creme de leite 14
   engrossar molhos 16
   fazer cremes para cobertura 53
   zucotto 218

creme de manteiga 54

## Índice Remissivo

creme inglês 227
crepes de hadoque defumado 159
curry de frango à tailandesa 191

**D**

decoração: chocolate 56–7
 tortas 45

**E**

ensopados de carne 35, 36
entradas 61–79
equipamentos 10–13
erva-doce: chutney de castanha
 portuguesa, cebola roxa e erva-doce
 133
 camarões com sanduíches de erva-
 doce 67
ervas 15
 bouquet garni 17
 massas com sabor de ervas 25
escabeche 142
escalfar peixe 41
espaguete à carbonara 84
espetar aves 31
espinafre: crepes de hadoque
 defumado 159
 massa com sabor de espinafre 25
estragão: molho cremoso de estragão
 163

**F**

faisão 32
farinha 14
 enfarinhar a carne 36
 massas para tortas 42
 para fazer bolos 51, 52
fava fresca: nhoque com fava fresca e
 parmesão 92
feijão branco: salada de arenque
 marinado com feijão branco 73
feijão preto: vermelho assado com
 feijão preto e tomate 156
feijão vermelho: chili mexicano 173

assado picante de lingüiça 89
figos: salada de figo, gorgonzola e
 presunto Parma 124
 tarte tatin de figo e chocolate 215
 tortinhas de figo 225
filés: tempo de cozimento 35
 filé com batatinhas fritas 169
framboesas: barrinhas crocantes de
 framboesa e aveia 241
 bolo de morango e framboesa 242
 tortinhas de pêssego e framboesa
 224
frango 30, 31
 caldo 18
 curry de frango à tailandesa 191
 frango assado na panela com lentilha
 190
 fritatta de frango, cogumelo e
 pappardelle 75
 salada de frango, ervilha-torta e
 pêssego 125
fritar: carne 34-5, 36
 peixes 40
 fritar peixes por imersão 40
frutas secas: minipanetones 235
 bolo de gengibre frutado 234
frutas: cheesecake com frutas
 vermelhas ao Grand Marnier 221
 coulis de frutas vermelhas 228
 frutas glaçadas 248
 *ver também* maçãs, framboesas etc.
frutos do mar e peixes 39, 137–65

**G**

galette de dolcelatte e alho-poró 118
galinha d'angola 30, 31
ganache de chocolate 59
ganso 30, 31
gelatina de Amaretto e chocolate 222
geléia: Linzertorte 219
gengibre: bolo de gengibre frutado
 234
glacê 54-5

de cream cheese 55
gordura, confecção de massas 42
grão-de-bico: talharim com bolinhas
 picantes 91
grelhar: carnes 35
 peixes 40

**H**

hambúrgueres de carne 171
harissa: molho harissa picante 130
 sopa cremosa de abóbora com
 harissa 63

**I**

ingredientes 14–15
iogurte: raita 143

**J**

javali 33

**K**

ketchup caseiro 135
kipper kedgeree 98
kringle 244

**L**

lasanha de queijo de cabra e pimentão
 85
lebre 32
legumes: cordeiro ao molho de
 chocolate 188
 caldo 19
 legumes glaçados com laranja e
 mostarda 119
 minestrone 65
 ratatouille 123
 torta de legumes assados e queijo
 feta 115
 *ver também* batatas, tomates etc.
lentilhas: frango assado na panela com
 lentilhas 190
 salada picante de lentilha com queijo
 grelhado 126

limão: merengue de limão 216
  torta de ameixa e limão 208
linguado: macarrão com ervas ao
  molho de linguado 86
  sushi 101
lingüiças: torta de lingüiças inteiras
  com cebolas 177
  assado picante de lingüiça 89
  com mostarda e purê de batata-doce
  176
linguine com presunto e ovos 82
linzertorte 219
lulas 39
  caldeirada à portuguesa 147
  salada de macarrão com lula salteada
  140

## M

macarrão: caldo de carne com
  macarrão 64
  macarrão com ervas ao molho de
  linguado 86
  moluscos à moda da Malásia 102
maçãs: relish de beterraba e maçã 134
  torta-flã de maçã 210
maionese 21
manjerição: pesto 109
manteiga 14
  como engrossar molhos 16
  para fazer bolos 51, 52
marinar 36–7
mariscos 39
  clam chowder 66
  molho de vôngoles 104
massa 42–9
  massa de carolina 49
  massa folhada 48
  massa podre 46
  pâte sucrée 47
massa amanteigada: torta aveludada de
  chocolate 220
  biscoito amanteigado de tomilho,
  laranja e chocolate 245

massa filo 44
  tortinhas de massa filo com
  pimentão vermelho e panceta 182
massas 24–7
  assado picante de lingüiça 89
  atum grelhado com vermicelli 88
  canelone de berinjela 94
  espaguete à carbonara 84
  fritatta de frango, cogumelo e
  pappardelle 75
  lasanha de queijo de cabra e
  pimentão 85
  linguine com presunto e ovos 82
  macarrão com ervas ao molho de
  linguado 86
  massa básica 24–5
  parafuso integral com tofu, abóbora
  e ervilha-torta 96
  ravióli 26
  ravióli de abóbora 95
  salada de macarrão com lula salteada
  140
  talharim 26
  talharim com bolinhas picantes 91
  talharim de funghi com gremolata 90
merengue de limão 216
mexilhões 39
minestrone 65
minipanetones 235
molhos 16–17, 20–3
  aïoli 21
  béarnaise 169
  bechamel 20
  berinjela 131
  bolonhesa 108
  carne 36, 37
  cobertura cremosa de chocolate 58
  cordeiro, alho-poró e pimenta verde
  107
  cremoso de estragão 163
  gribiche 129
  harissa 130
  holandês 22

ketchup caseiro 135
maionese 21
pesto 109
puttanesca 106
raita 143
rouille 160
salmoriglio 183
salsinha 164
satay 201
termidor 161
tomates assados 23
verde tailandês 110
vierge 162
vôngoles 104
moluscos à moda da Malásia 102
morangos: bolo de chocolate branco
  com frutas vermelhas 239
  bolo de morango e framboesa 242
  panna cotta de pimenta-rosa com
  molho de morangos 205

## N

nhoque 27
  com fava fresca e parmesão 92
nori: sushi 101
nozes: filé-mignon com nozes 170

## O

óleos e azeites 15
ostras picantes 138
ovos 14
  como engrossar molhos 16
  confecção de massas para tortas 42
  espaguete à carbonara 84
  fritatta de frango, cogumelo e
  pappardelle 75
  linguine com presunto e ovos 82
  molho gribiche 129

## P

paella de frutos do mar 144
panna cotta de pimenta-rosa com
  molho de morangos 205

# ÍNDICE REMISSIVO

pão sírio: camarões com sanduíches de erva-doce 67

pão: kringle 244

   panzanella 120

   torradinhas de queijo de cabra 62

pão-de-ló com glacê de coco 236

parafuso integral com tofu, abóbora e ervilha-torta 96

pasta de amendoim: molho satay 201

patê de fígado de frango e ervas 78

pato 30, 31

   confit de pato 194

   pato crocante aromático 192

   tortinhas crocantes de pato 70

   pato marinado com molho de gengibre 195

peixes e frutos do mar 38–41, 137–65

   assado de peixe e frutos do mar 155

   caldeirada à portuguesa 147

   caldo 19

   peixe à marroquina 153

   peixe assado em papel-manteiga 146

   peixe assado no sal grosso 150

   *ver também* bacalhau, salmão etc.

perdiz 33

   perdiz defumado no chá 199

peru 30

   tirinhas de peru ao molho creole 200

pêssegos: salada de frango, ervilha-torta e pêssego 125

   tortinhas de pêssego e framboesa 224

pesto 109

pilaf de arroz integral com frutas secas 103

pimentão: lasanha de queijo de cabra e pimentão 85

   molho harissa picante 130

   rouille 160

   sopa de pimentão vermelho 62

   terrina de carne de porco e pimentão 79

   tirinhas de peru ao molho creole 200

tortinhas de massa filo com pimentão vermelho e panceta 182

pimentas: chili mexicano 173

   molho harissa picante 130

   molho puttanesca 106

   molho verde tailandês 110

   rouille 160

   salsa picante de abacate 171

pinhole: pesto 109

pochê 35

pombo 32, 33

pré-assamento da massa 44

presunto 29

   linguine com presunto e ovos 82

   torta de batata com presunto, alcachofra e cogumelo 116

presunto Parma: salada de figo, gorgonzola e presunto Parma 124

processamento 17

## Q

queijo: arancini 97

   assado de peixe e frutos do mar 155

   assado picante de lingüiça 89

   canelone de berinjela 94

   galette de dolcelatte e alho-poró 118

   grelhado 126

   lasanha de queijo de cabra e pimentão 85

   salada de figo, gorgonzola e presunto Parma 124

   salada picante de lentilha com queijo

   torradinhas de queijo de cabra 62

   torta de abóbora e jarlsberg com azeite aromatizado 117

   torta de legumes assados e queijo feta 115

## R

ratatouille 123

ravióli 26

   de abóbora 95

   de salmão defumado com molho

cremoso de endro 76

regar a carne 37

repolho branco chinês (pak choi): salmão assado no vapor com legumes à moda asiática 152

ricota: torta de ricota 232

risoto, *ver* arroz

rocambole de chocolate e maracujá 212

roscas 53

rösti de batata e pastinaca 122

rouille 160

roux 16

## S

sal grosso: peixe assado no sal grosso 150

saladas: de figo, gorgonzola e presunto Parma 124

   de frango, ervilha-torta e pêssego 125

   de sardinha com molho de ervas e alcaparra 128

   panzanella 120

   picante de lentilha com queijo grelhado 126

salmão: assado no vapor com legumes à moda asiática 152

   bolinhos de salmão e siri 158

   em conserva com endro 141

   sushi 101

salsas: abacaxi 187

   pimenta vermelha e abacate 171

satay, molho 201

sépsia 39

siri: bolinhos de salmão e siri 158

   tortinhas picantes de siri 72

sobremesas 203–29

solha recheada com chouriço e tomates 74

sopas: caldo de carne com macarrão 64

   clam chowder 66

   cremosa de abóbora com harissa 63

## ÍNDICE REMISSIVO 255

minestrone 65
de pimentão vermelho 62
sorvete de coco com raspas de limão 207
sushi 101

### T

talharim 26
  com bolinhas picantes 91
  de funghi com gremolata 90
tamboril com risoto de açafrão 100
termidor, molho 161
termômetro de carne 37
terrina de carne de porco e pimentão 79
tetraz 32
tofu: parafuso integral com tofu, abóbora e ervilha-torta 96
tomates: assado picante de lingüiça 89
  caldeirada à portuguesa 147
  chili mexinaco 173
  chutney de tomate verde 132
  massa com sabor de tomate 25
  molho à bolonhesa 108
  molho puttanesca 106
  panzanella 120
  retirar a pele 17
  solha recheada com chouriço e tomates 74
  tirinhas de peru ao molho creole 200
  tomates assados, molho 23
  vierge, molho 162
  vôngoles, molho 104
torradinhas de queijo de cabra 62
tortas: atum à moda Wellington 154
  cheesecake com frutas vermelhas ao Grand Marnier 221
  como forrar a fôrma 43
  galette de dolcelatte e alho-poró 118
  linzertorte 219
  merengue de limão 216
  quiche de camarão e abobrinha 149
  tarte tatin de figo e chocolate 215

torta aveludada de chocolate 220
torta de abóbora e jarlsberg com azeite aromatizado 117
torta de ameixa e limão 208
torta de batata com presunto, alcachofra e cogumelos 116
torta de blueberry 214
torta de carolinas e pralina 226
torta de cebolas caramelizadas 114
torta de legumes assados e queijo feta 115
torta de lingüiças inteiras com cebolas 177
torta de ricota 232
torta festiva de carne de caça 196
torta-creme de baunilha 211
torta-flã de maçã 210
tortinhas crocantes de pato 70
tortinhas de figo 225
tortinhas de massa filo com pimentão vermelho e panceta 182
tortinhas de pêssego e framboesa 224
tortinhas de salmonete com molho vierge 69
tortinhas picantes de siri 72

### V

vermelho assado com feijão preto e tomate 156
vermicelli, atum grelhado com 88
vieiras 39
  com aspargos e bacon crocante 68
vitela 28
  caldo 18
  saltimbocca de vitela 174

### Y

Yorkshire pudding 172

### Z

zabaione de canela 229
zucotto 218

# Agradecimentos

## Agradecimentos

Editora Executiva: Jane Donovan
Editora: Charlotte Macey
Editora Executiva de Arte: Karen Sawyer
Projeto Gráfico: One 2 Six Creative Ltd
Fotógrafo: Stephen Conroy
Props Stylist: Rachel Jukes
Food Stylist: Joanna Farrow
Gerente de Produção: Ian Paton
Pesquisador iconográfico: Taura Riley

**Dados Internacionais de Catalogação na Publicação (CIP)**
**(Câmara Brasileira do Livro, SP, Brasil)**

Farrow, Joanna
  Escola de culinária : 150 das melhores receitas clássicas
e contemporâneas passo a passo/
Joanna Farrow ; [tradução Elisa Duarte Teixeira]. – Barueri, SP :
Manole, 2008.
  Título original : Hamlyn cookery school : 150 great
step-by-step recipes.
  ISBN 978-85-204-2676-0

  1. Culinária   2. Gastronomia   3. Receitas
I. Título.

07-8435                                                      CDD-641.5

Índices para catálogo sistemático:

1. Receitas : Culinária : Economia doméstica   641.5